Vier auf den ersten Blick ganz unterschiedliche Essays stellt Umberto Eco auf verblüffende Weise nebeneinander. Die Spannweite der Themen reicht von Manzonis ›Verlobten‹, dem berühmtesten Roman der italienischen Literatur, bis zu Corto Maltese, dem Kult-Comic von Hugo Pratt, von Cagliostro, dem falschen Grafen, der ganz Europa in Atem hielt, bis zu Achille Campanile, dem populären Ironiker des 20. Jahrhunderts.

»Kluge Beobachter unserer aus den Fugen geratenen Zeit gibt es viele, besserwisserische und rabiate, larmoyante und resignative, doch niemand schreibt wie Umberto Eco, der Schlaumeier und Ironiker. Es sieht zwar nicht gut aus in der Welt, aber das ist kein Grund, den Kopf in den Sand zu stecken, denn zum Denken ist er da. Und das bedeutet für Eco stets eine unwiderstehliche Lust.« *Salzburger Nachrichten*

Umberto Eco, geboren 1932 in Alessandria, lebt in Mailand und ist Professor für Semiotik an der Universität Bologna. Neben seinem bedeutenden literarischen Werk liegen auch zahlreiche essayistische und theoretische Veröffentlichungen in deutscher Sprache vor.

Umberto Eco
Lüge und Ironie

Vier Lesarten zwischen
Klassik und Comic

Deutscher Taschenbuch Verlag

Von Umberto Eco
sind im Deutschen Taschenbuch Verlag erschienen:

Zwischen Autor und Text (4682)
Der Name der Rose (10551)
Nachschrift zum ›Namen der Rose‹ (10552)
Über Gott und die Welt (10825)
Das Foucaultsche Pendel (11581)
Platon im Striptease-Lokal (11759)
Wie man mit einem Lachs verreist und andere
nützliche Ratschläge (12039)
Über Spiegel und andere Phänomene (12924)
Im Wald der Fiktionen (12287)
Die Insel des vorigen Tages (12335)
Vier moralische Schriften (12713)
Gesammelte Streichholzbriefe (12970)
Derrick oder die Leidenschaft für das Mittelmaß (12988)
Kunst und Schönheit im Mittelalter (30128)
Lector in fabula (30141)
Die Grenzen der Interpretation (30168)
Die Suche nach der vollkommenen Sprache (30829)
Woran glaubt, wer nicht glaubt? (36160, mit Carlo Maria Martini)

Oktober 2002
Deutscher Taschenbuch Verlag GmbH & Co. KG, München
www.dtv.de
Umschlagkonzept: Balk & Brumshagen
Umschlagbild: © Tullio Pericoli
Satz: Fotosatz Reinhard Amann, Aichstetten
Gesetzt aus der Stempel Garamond
Druck und Bindung: Druckerei C. H. Beck, Nördlingen
Gedruckt auf säurefreiem, chlorfrei gebleichtem Papier
Printed in Germany · ISBN 3-423-30859-1

Inhalt

Einführung

Die vier in diesem Bändchen versammelten »Lesarten« sind zu verschiedenen Anlässen entstanden und behandeln sehr verschiedene Themen: Alessandro Manzonis großen Roman *Die Verlobten*, den Cagliostro-Mythos und seine innere Verwandtschaft mit dem Mythos des Grafen von Saint-Germain, die Schriften des italienischen Humoristen Achille Campanile und schließlich den ersten Corto-Maltese-Comic von Hugo Pratt. Daß sie hier versammelt sind, hat seinen Grund einfach darin, daß sie mir am Herzen liegen und ich es bedauerlich fände, wenn sie weiterhin so verstreut publiziert blieben, wie sie es bisher waren.

Daß jedoch gerade diese vier Schriften und keine anderen hier versammelt sind, läßt vermuten, daß sie etwas gemeinsam haben. In gewisser Weise geht es in allen um Strategien der Lüge, der Verstellung, des Mißbrauchs der Sprache und der Umkehrung dieses Mißbrauchs durch Ironie.

Manzoni inszeniert in seinem Roman (während er sich in seinen Studien über die Sprache sehr viel differenzierter ausgedrückt hat) einen Gegensatz zwischen *verbaler Sprache* als Vehikel von Lüge und

Betrug und *natürlichen Zeichen*, durch welche die einfachen Menschen auch dann noch *verstehen*, wenn die Mächtigen sie mit ihrem »latinorum« zu täuschen versuchen.

Cagliostro lügt mit Worten, mit der Kleidung und dem Benehmen, und über Cagliostro lügen die Legenden, die ihn aus dem kleinen Abenteurer, der er war, zu einem Mythos gemacht haben, sei's zum Inbegriff des Dämonischen oder zum Symbol des freien Denkens und Opfer des klerikalen Obskurantismus (noch heute legen treue Hände regelmäßig Blumen in seine Zelle im Kastell von San Leo, wo er gestorben ist).

Campanile spielt mit der Sprache und ihren Klischees, er stülpt die stehenden Redewendungen wie einen Handschuh um und erzeugt damit Verfremdungseffekte.

Hugo Pratt spielt mit der Geographie (die er im übrigen bestens kennt), indem er von realen Landkarten ausgeht, um sie unwahrscheinlich zu machen, die Grenzen zu verwischen, die Entfernungen aufzuheben und so unsere Phantasie ins Schweifen zu bringen.

Campanile und Pratt lügen aus Ironie, Cagliostro lügt aus Interesse (oder vielleicht aus Verdammnis, als der Gefangene seines eigenen Mythos, der er immer mehr wird), und Manzoni ergreift empört die Partei der Armen und Schwachen, die durch die verlogene Sprache der Mächtigen übertölpelt werden.

In Wirklichkeit aber – denn Ironie praktiziert auch er – betreibt er Ironie im Quadrat und verurteilt die Worte durch das erzählende Sprechen.

Worte und Taten
Natürliche Zeichensprache und Wort bei Manzoni

Beitrag zu einer Ringvorlesung an der Universität Bologna über »La semiotica dei *Promessi sposi*«, 1986, dann veröffentlicht unter dem Titel »Semiosi naturale e parola nei *Promessi sposi*« in dem Sammelband *Leggere »I promessi sposi«*, ed. Giovanni Manetti, Bompiani, Mailand 1989.

»Die Taten, mein Lieber, den Menschen erkennt man an seinen Taten«, sagt der Wirt des Dorfkrugs im 7. Kapitel der *Promessi sposi*[1], der ebenso wie der Wirt »Zum Vollmond« gelernt hat, Ehrenmänner oder Häscher sofort an der Kleidung, am Ton, am Verhalten zu erkennen. Renzo dagegen, zwei Seiten zuvor, als er in die Gaststube tritt, vorbei an einem wachestehenden Bravo mit rotem Samtbarett auf dem dichten Haar, das ihm in Flechten über die Ohren fällt und mit einem Kamm im Nacken zusammengesteckt ist, zudem bewaffnet mit einem Knüppel und nicht bereit, auch nur einen Schritt beiseite

---

1 Alessandro Manzonis Roman ist seit dem Erscheinen der ersten Fassung, 1826-27, weit über ein dutzendmal ins Deutsche übersetzt worden, immer unter dem Titel *Die Verlobten*, zuerst 1827-28 von Daniel Leßmann (Berlin) und fast gleichzeitig von Eduard v. Bülow (Leipzig), zuletzt 1960 von Ernst Wiegand Junker (München, Winkler Verlag, 1960, 1989 = dtv 2142) und 1979 von Caesar Rymarowicz (Berlin-DDR, Aufbau Verlag, jetzt nur noch erhältlich als Bastei-Lübbe-Taschenbuch Bd. 11336, 1988). Eine Neuübersetzung von Burkhart Kroeber erscheint im Frühjahr 2000 bei Hanser; ihr sind die nachfolgenden Zitate entnommen *(A. d. Ü.)*.

zu treten, um den jungen Mann vorbeizulassen, während drinnen seine Kumpane beim Morraspiel sitzen und ihm vielsagend zunicken – Renzo »sah unsicher seine beiden Tischgenossen an, als wollte er in ihren Gesichtern nach einer Deutung all dieser Zeichen suchen«. Renzo ist in diesem Bildungsroman der letzte, der erwachsen wird, das heißt, Vertrautheit mit den Zeichen gewinnt und mit der Art, wie die anderen sie interpretieren (erst am Ende hat er gelernt, was es heißen kann, einen Türklopfer in der Hand zu halten und sich ein Glöckchen an den Fuß zu binden). Für ihn ist die Deutung der Zeichen noch schwierig, aber er hat ja auch noch nicht sehr lange gelebt, und nur »das Leben ist der Prüfstein der Worte« (Kap. 22).

Voller Zweifel an einem rationalen Gang der menschlichen Geschichte und an jedem guten Vorsatz, der dem Eigenleben der Mittel und Ziele nicht Rechnung trägt, voller Furcht vor dem Übel, das sich in den Dingen der Welt einnistet, voller Mißtrauen gegenüber den Mächtigen und den Künsten, mit denen sie die kleinen Leute hereinlegen, scheint Alessandro Manzoni die Synthese seines guten Aufklärersinns und seiner jansenistischen Strenge in einer semiotischen Formel gefunden zu haben, die man aus vielen Stellen seines Romans herauslesen kann:

1.) Es gibt eine natürliche Zeichensprache, eine fast instinktiv von den einfachen Leuten ins Werk gesetzte *Semiose*[2], dank welcher die verschiedenen Aspekte der Realität, wenn sie mit Klugheit und Lebenserfahrung interpretiert werden, sich als Symptome, Indizien, *signa* oder *semeia* im klassischen Sinne der Termini darstellen;

2.) und es gibt das künstliche Zeichensystem der verbalen Sprache, die sich entweder als unzureichend zur genauen Wiedergabe der Realität erweist oder explizit und in böser Absicht zu deren Maskierung verwendet wird, fast immer zu Machtzwecken. Dies ist möglich, weil die Sprache ihrem Wesen nach trügerisch ist, während die natürliche Semiose nur dann zu Irrtum und Verblendung führt, wenn sie von der Sprache, die sie ausdrückt und interpretiert, verunreinigt wird oder wenn sich die Interpretation durch Leidenschaften verdunkelt.

Hinter dieser Semiotik Manzonis steckt eine ziemlich einflußreiche und durchaus nicht verborgene Metaphysik: Die Realität existiert und läßt sich erforschen, vorausgesetzt, man hält sich an die »so lange schon vorgeschlagene Methode: zu beobachten, hinzuhören, zu vergleichen und nachzudenken, bevor man redet« (Kap. 31).

Die erkenntnistheoretische Schlichtheit dieser Maxime ist im übrigen gar nicht so schlicht, wie sie auf den ersten Blick erscheint. An der zitierten Stelle

---

2 Semiose ist das, was die Semiotik erforscht, hier der reale Zeichenprozeß und seine Wechselbeziehungen *(A. d. Ü.)*.

drückt sie in populärer Form ein Prinzip Galileis aus, das die Guten und die Besonnenen im Roman angesichts der Alltagsrealität im Licht des gesunden Menschenverstandes und nicht nach den starren Geboten der Akademie befolgen. Doch wenn Manzoni sich genötigt sieht, es bei der geschichtlichen Rekonstruktion anzuwenden, führt er es in aller Deutlichkeit vor. Da die Worte trügerisch sind und man das, was man von den Ereignissen der Vergangenheit weiß, nur durch verbale Berichte weiß, greift er instinktiv auf eine Verfahrensregel zurück, die schon Augustinus in *De Doctrina Christiana* formuliert hatte: Angesichts verschiedener Versionen der Heiligen Schrift, die alle nur Traditionen von Traditionen sind, während sich das Geheimnis eines heillos verunstalteten hebräischen Originaltextes nicht mehr ergründen läßt, bleibt einem nichts anderes übrig, als die Versionen miteinander zu vergleichen, die eine mit der anderen zu konfrontieren und aus der anderen die Klärungen zu nehmen, die in der einen fehlen.

So verfährt Manzoni gegenüber der anonymen Handschrift, die ihre Unglaubwürdigkeit sozusagen auf der Stirn geschrieben trägt in Form der verbalen Exzesse, mit denen sie sich in barocker Emphase schmückt. Da ihn jedoch dünkt, daß unter diesem verbalen Diskurs »eine so schöne Geschichte« hervorscheint (und eine Geschichte ist *fabula*, Abfolge von Begebenheiten oder, wie Aristoteles gesagt hätte, Nachahmung einer Handlung, eines nichtverbalen

Geschehens), beschließt Manzoni, »die Memoiren jener Zeit zu studieren, um zu prüfen, ob es in der Welt damals wirklich so zuging« (Vorrede). Und dieses Studium, das heißt die Konfrontation der Texte, zerstreut seine Zweifel: Wenngleich verschleiert durch zahllose sprachliche Kunstgriffe, muß da doch etwas geschehen sein.

Genauso verfährt er bei der Rekonstruktion der Pestepidemie. Siehe den Anfang des 31. Kapitels: »Die Pest [...] war [...] wirklich eingedrungen«, worin das »wirklich« (*davvero*) als wahrheitsbeglaubigender Einschub des Erzählers ein für allemal jeden Zweifel beseitigt, der sich aus den widersprüchlichen Texten ergeben könnte. Die Sache an sich existiert oder hat existiert, der dynamische Gegenstand liegt irgendwo verschüttet, unser Problem ist es, die Zeichen zu interpretieren, um ihn wieder ans Licht zu bringen. Aber auch hier gilt, solange man es mit verbalen Berichten zu tun hat: »In jedem [Bericht] sind wesentliche Tatsachen ausgelassen, die in anderen vermerkt werden; in jedem gibt es sachliche Fehler, die sich mit Hilfe eines anderen oder auch der wenigen noch vorhandenen gedruckten oder ungedruckten amtlichen Urkunden erkennen und berichtigen lassen; oft finden sich in dem einen die Ursachen, deren Wirkungen man in dem anderen gleichsam in der Luft schweben sah.« Infolgedessen kann man, indem man die verschiedenen Quellen »prüft und vergleicht«, nicht nur hoffen, die wichtigsten Tatsachen freizulegen, sondern auch, »sie in ihrer wirklichen Reihenfolge zu ordnen«.

Es geht hier nicht um Manzonis Vorstellung von einem wahren Historiker, auch nicht um seine Erkenntnistheorie (die ist, was sie ist). Hier soll hervorgehoben werden, daß die verbalen Berichte – außer bei gründlichster philologischer Akribie – ihrem Wesen nach trügerisch sind. Der Autor Manzoni mag es vermocht haben, die Reihenfolge der Taten und Ereignisse mittels der Sprache zu rekonstruieren, aber die Personen seines Romans sind entweder arme Teufel oder Verfolger von armen Teufeln (nur die Guten haben eine Art von paraphilologischer Intuition), und in der Regel ist die Sprache in seinem Roman das Vehikel von Schall und Rauch, wenn nicht von Lügen.

Ihrem Wesen nach, sagten wir, und man lese nur einmal die Seite nach, die Manzoni (nicht Quine) im 27. Kapitel der Unmöglichkeit widmet, ich sage gar nicht: des Übersetzens von einer Sprache in eine andere, sondern bereits jenes alltäglichen Verständigungsvorgangs, in dem ein Analphabet einem Schreiber sagt, was er einem anderen Analphabeten brieflich mitteilen möchte, und der Schreiber schreibt, was er versteht und was ihm zu schreiben gutdünkt, und der Vorleser des Empfängers interpretiert das Schreiben auf seine Weise, und der analphabetische Empfänger deformiert das Gehörte seinerseits, da er nach Interpretationskriterien in den ihm bekannten Fakten zu suchen verleitet ist. Sehr anschaulich schildert Manzoni hier, wie eine Botschaft durch sukzessive Interpretationen verändert, »dekonstruiert« und schließlich dazu gebracht wird, nicht nur etwas zu besagen, was der ursprüngliche Absender gar nicht sagen wollte, sondern vielleicht sogar etwas zu bedeuten, was diese Botschaft als lineare Erscheinungsform eines Textes gemessen an einem Code gar nicht bedeuten dürfte, wenn eine Gemeinschaft von Interpreten, inspiriert am common sense und an der Beachtung der Regeln, in mühsamer Interaktion zusammenfände, um sich öffentlich auf eine akzeptable Lesart zu einigen. Was indes nicht geschieht, und so erscheint Manzonis Schilderung geradezu als Inbild einer *dérive interprétatoire*, eines »abdriftenden« Verständigungs- und Interpretationsprozesses, der sich ziellos im Nebel verliert – »wie einst zwei Scholastiker, nachdem sie vier Stunden lang über die Entelechie gestritten hatten«.

Ein Dörfler, der nicht schreiben kann, aber etwas zu schreiben hätte, wendet sich an jemanden, der sich auf diese Kunst versteht, und wählt ihn nach Möglichkeit unter den Leuten seines Standes aus, da er sich vor den anderen schämt oder wenig Vertrauen zu ihnen hat. Er setzt ihn mehr oder weniger klar und zusammenhängend über das Vorgefallene in Kenntnis und legt ihm in der gleichen Weise dar, was er zu Papier bringen soll. Der Schriftkundige, der teils versteht, teils mißversteht, gibt ein paar Ratschläge, schlägt ein paar Änderungen vor, sagt: Laß mich nur machen, greift zur Feder, bringt die Gedanken des andern, so gut er kann, in Briefform, korrigiert sie, verbessert sie, trägt stärker auf oder schwächt ab, läßt auch etwas weg, je nachdem, wie es sich für ihn am besten anhört; denn da hilft nun einmal nichts: wer von einer Sache mehr als die anderen versteht, will kein bloßes Werkzeug in ihren Händen sein, und wenn er sich mit den Angelegenheiten anderer befaßt, will er sie auch ein bißchen nach seiner Art gehen lassen. Bei alledem gelingt es dem Schriftkundigen nicht immer, alles zu sagen, was er möchte; manchmal passiert es ihm sogar, daß er etwas ganz anderes sagt – was ja auch uns anderen unterläuft, die wir für den Druck schreiben. Gelangt nun der so zustande gekommene Brief in die Hände des Empfängers, der ebenfalls nicht mit dem Abc vertraut ist, so bringt er ihn zu einem anderen Gebildeten gleichen Kalibers, der ihm das Schreiben vorliest und erklärt. Dabei ergeben sich Meinungsverschiedenheiten über das rechte Verständnis, denn der Empfänger, der sich auf seine Kenntnis der vorausgegangenen Begebenheiten stützt, behauptet, daß die und die Worte das und das bedeuteten; der Vorleser, der auf seine Erfahrung im schriftlichen Ausdruck pocht, behauptet dagegen, daß sie etwas ganz anderes besagten. Schließlich muß der Unkundige sich jedoch in die Hände des Kundigen begeben und ihn beauftragen, eine Antwort zu schreiben, welche alsdann, nach Art der vorgeschlagenen abgefaßt, einer ähnlichen Interpretation unterzogen wird.

Als wäre das noch nicht genug, um der Sprache zu mißtrauen, vergleiche man auch, was der Büchernarr Don Ferrante mit seiner reichhaltigen Bibliothek macht, als es darum geht, sich über die Pest zu äußern (Kap. 37). Nach zwei Kapiteln voll nichtverbaler Beweise, dank welcher der Leser alles darüber weiß, gelingt es dem aristotelischen Bibliothekar mit ein paar schlagenden Syllogismen (die Ansteckung kann nicht Substanz sein) und ebensovielen Paralogismen (die Ansteckung kann nicht Akzidenz sein), die Realität dermaßen gründlich zu verschleiern, daß er selbst sie erst wieder zu erkennen vermag, als es für ihn zu spät ist. Gerechte Strafe für den Hochmut der Worte, ist seine berühmte Bibliothek am Ende »vielleicht noch verstreut in den Ständen der Antiquare zu finden«.

Daß die verbalen Diskurse lügen oder nie genug sagen können, scheint somit klar. Als Beweis nehme man, daß viele Leser diesen Roman auch dann verstehen, wenn sie aus verständlicher Faulheit all jene Beispiele unlogischer, mehrdeutiger oder konfuser Diskurse überspringen, die parasitär voneinander leben: die eingestreuten Verordnungen und Erlasse.

Was lügt, richtig gelesen, nicht? Ich würde sagen: in erster Linie das, was nicht verbal, sondern visuell ist, oder was, wenn es verbal ist, zur Ordnung des Parasprachlichen, Suprasegmentalen, Klanglichen gehört: die Tonfälle, Tempi, Rhythmen und Intensitäten der Stimme.

Die »populäre« Semiose

Wir erwähnten eingangs eine natürliche Zeichensprache oder instinktive Semiose im Gegensatz zur artifiziellen Semiose des Wortes. Es wäre unrichtig zu sagen, daß sich bei Manzoni der klassische Unterschied zwischen natürlicher, motivierter, intentionaler Semiose und konventionell-willkürlicher Semiose in klarer Weise abzeichnet. Ich finde nichts Besseres zur Benennung der ersten Seite des Gegensatzpaares als den Terminus *populäre* (im Sinne von »volkstümliche«) Semiose. Auf der einen Seite haben wir die verbale, artifizielle (trügerische) Sprache, die den Mächtigen zur Verfügung steht, auf der anderen verschiedene Zeichensysteme, zu denen gewiß auch die sogenannten natürlichen Zeichen gehören (die Krankheitssymptome, Wettervorzeichen, Gesichtszüge), aber auch jene »Sprachen«, die nicht naturwüchsig sind, sondern Ergebnis gesellschaftlicher Regeln und Gewohnheiten, wie die Zeichen der Kleidung, die Körperhaltungen, die bildlichen Darstellungen, folkloristischen Inszenierungen, Liturgien – die jedoch alle irgendwie auf eine uralte und instinktive Kompetenz verweisen, auf ein nicht nur den Gebildeten, sondern auch den einfachen Leuten verfügbares Wissen. Dank dieser »Natürlichkeit« der Kompetenz, dieser instinktiven »Popularität« des Erfahrungsschatzes, den sie voraussetzt, können wir diese Art von Semiose, obwohl sie auf gesellschaftlichen Regeln und Gebräuchen beruht, eine natürliche nennen, Ergebnis einer langen Ablagerung im kollektiven Wissen, nicht jenen raschen und nur einer Minderheit reservierten Veränderungen unterworfen, denen die Ausübung der verbalen Künste unterliegt.

Gewiß ist diese populäre Semiose nicht »wahrer« als die verbale; wir werden noch sehen, wie und wieweit auch sie Mißverständnisse oder Lügen zulassen kann. Aber sie erscheint dem einfachen Mann aus dem Volk verständlicher als die verbale Sprache, und darum hält er sie für verläßlicher. Für soviel verläßlicher, daß er, wenn er sich in der natürlichen Semiose einmal täuscht oder von ihr getäuscht wird, verwundbarer wirkt, weil er ihr gegenüber nicht das systematische Mißtrauen hegt, das er der verbalen Sprache entgegenbringt. Man sehe nur, was geschieht, als Renzo den Doktor Azzeccagarbugli besucht, oder auch (wir kommen darauf noch zurück) die ganze Geschichte mit der Pest und den Giftsalbenschmierern.

Die einfachen Leute mißtrauen der verbalen Sprache, weil sie ihnen eine logische Syntax auferlegt, die das natürliche Zeichensystem außer Kraft setzt, da es nicht mit linearen Sequenzen operiert, sondern mit »Bildern«, blitzartigen Ikonologemen. Während die Fäden der verbalsprachlichen Sequenzen sich ad infinitum verknäueln können, so daß die einfachen Leute sich in diesem Dickicht verlieren, erlaubt die natürliche Semiose – zumindest dem Anschein nach – einen direkteren Zugang zur Wahrheit der Dinge, deren ursprüngliches Vehikel sie ist. Eine spontane wahre Geste kann die intentionale Falschheit einer vorausgegangenen Geste enthüllen: Der Kriminalbeamte, der Renzo in Mailand verhaftet, redet ihm ermutigend zu. Renzo traut seinen Worten nicht, aber er könnte auf ihren Ton hereinfallen. Dann läßt der Beamte ihm jedoch die »Manschetten« anlegen, und an diesem Zeichen erkennt Renzo ohne den Schatten eines Zweifels, daß er in der Klemme sitzt.

Gegenstand der Erzählung ist diese natürliche Zeichensprache oder Semiose in allen ihren Formen; aus ihr und durch sie erfährt der Leser ebenso wie das Romanpersonal, was wirklich geschieht: die Geschichte unter dem Schleier der Rede.

Über die ganze Länge des Romans stoßen wir immer wieder auf den Gegensatz zwischen »natürlichem« und verbalem, visuellem und sprachlichem Zeichen. Gegenüber dem sprachlichen Zeichen ist Manzoni stets so verlegen – oder will er sich stets so mißtrauisch zeigen –, daß er in allen persönlichen Kommentaren, mit denen er seinen Roman übersät, sich für seine Art zu erzählen entschuldigt, während er immer dann klare und bekräftigende Töne anschlägt, wenn er von der Glaubwürdigkeit spricht, die einem Beweis zuerkannt werden muß, einer Evidenz, einer Spur, einem Symptom, einem Indiz oder einem Fundstück.

Ebenso tun es seine Personen: Entweder sie sprechen mit dem bewußten Vorsatz, die Sprache zur Lüge zu gebrauchen, zur Verwirrung, zur Verschleierung der wahren Verhältnisse zwischen den Dingen, oder sie entschuldigen sich und beklagen ihre Unfähigkeit, das, was sie wissen, zu sagen. Auch wenn Renzo am Ende will, daß seine Kinder lesen und schreiben lernen, kann er nicht umhin, diese verbalen und technischen Fähigkeiten als »Gaunereien« zu bezeichnen (Kap. 38). Dem Latein als der Hochsprache par excellence mißtraut er, und das einzige Mal, als er es zitiert, bringt er ein babylonisches Kauderwelsch zustande (»*siés baraòs trapolorum*«, Kap. 14). Nur einmal, im letzten Kapitel, nachdem er sich mit Don Abbondio wieder versöhnt hat, behauptet er, das Latein des Ehesakraments und der Messe zu akzeptieren, denn »das ist ein aufrichtiges, hochheiliges Latein [...] auch die dort müssen ja lesen, was im Buche steht«. Das »gute« Latein der Liturgie ist keine gesprochene Sprache, es ist Gesang, Psalmodieren, Formel, Geste, es besagt nichts und kann daher auch nichts verfälschen. Es ist soviel wie eine Tracht, ein Wink mit der Hand, ein Gesichtsausdruck – lauter Zeichen (und »Zeichen« nennt Manzoni sie wiederholt), die eben zu einer natürlichen Semiose gehören.

Hier müßte man nun den ganzen Roman durchsehen, um zu prüfen, ob die Hypothese stichhaltig ist und ob sich wirklich auf Schritt und Tritt ein Gegensatz zwischen natürlicher und verbaler Sprache abzeichnet. Fürs erste mag es genügen, ein paar zentrale Episoden daraufhin zu überprüfen.

Don Abbondios Begegnung mit den Bravi

Don Abbondio hat Lebenserfahrung und weiß viele Zeichen zu deuten. Bei seinem ersten Auftritt macht er das Zeichen par excellence: Er hält den Zeigefinger im Brevier (und selbstverständlich nennt Manzoni es »Zeichen«). Sein Weg führt ihn zu einem Beispiel für visuelle Kommunikation, einem ländlichen Marterstein, »auf dem gewisse lange, sich schlängelnde Figuren gemalt waren, die in Spitzen endeten und nach der Absicht des Künstlers sowie in den Augen der Einwohner jener Gegend Flammen darstellen sollten«, und er sieht etwas, »das er nicht erwartet hatte«. Das ganze Leben Don Abbondios, das er im Zeichen der Geruhsamkeit gelebt hat, beruht auf dem Vertrauen in gewohnte Handlungsmuster, in die *frames* oder »Szenarien« seines Alltags, und seine Tragikomödie beginnt genau in dem Augenblick, als diese Erwartung frustriert wird – von nun an beginnt er Dinge zu sehen, die er wirklich nicht erwarten konnte, einschließlich eines Gottlosen, der zum Heiligen wird. Don Abbondio erkennt die Bravi sofort an ihrer Kleidung, ihrer Haltung und ihrem Aussehen, die »keinen Zweifel [ließen]«. Es folgt die berühmte Beschreibung der Bravi, dank welcher der Leser die Angehörigen dieser »Spezies« künftig ebenfalls immer sofort erkennen kann, wenn sie im Roman auftauchen – außer wenn sie verbal in den amtlichen Erlassen beschrieben werden, denn aus jenem Wirrwarr von Verboten, Androhungen und Vorschriften ergibt sich kein klares Bild.

Don Abbondio erkennt die Bravi als solche, weil er einen Code ihres Verhaltens, ihrer Kleidung und ihrer Bewegungen besitzt. Andernfalls würde man nicht begreifen – und es ist bemerkenswert, wie streng scholastisch Manzoni hier vorgeht, wie er mit aristotelischen Termini das semiotische Verhältnis von *type* und *token* suggeriert –, warum er sie auf den ersten Blick als »Angehörige der Spezies Bravi« identifizieren kann.

Übrigens weiß Don Abbondio sehr wohl, daß die Kutte und nicht der Titel den Mönch macht. Im Schlußkapitel diskutiert er scherzend mit Renzo über die Nutzlosigkeit jenes päpstlichen Dekrets, das den Kardinälen den Titel »Eminenz« zuspricht. Es sei erlassen worden, weil man mittlerweile alle Prälaten mit »Monsignore« und »Euer Durchlaucht« angeredet habe, aber bald werde nun jeder mit »Eminenz« tituliert sein wollen, und dann werde die sprachliche Innovation nicht dazu gedient haben, Ordnung in die Welt der kirchlichen Würden und der menschlichen Eitelkeiten zu bringen.

Don Abbondios Begegnung mit den Bravi vollzieht sich ganz im Zeichen des Gegensatzes von gesprochenem Wort und visueller Evidenz. Die Bravi reden, aber was Abbondio versteht, kommt immer schon vor dem Wort. Er schließt »aus bestimmten Gesten«, daß er selbst derjenige ist, den die beiden erwarten, er gibt sich unbefangen in der vergeblichen Hoffnung, die beiden zu täuschen, indem er sich mit Zeige- und Mittelfinger der linken Hand in den Kragen fährt, wie um ihn zurechtzurücken, er überlegt, daß ein Fluchtversuch seine Lage nur noch verschlimmern würde (»Weglaufen hätte bedeutet, sie aufzufordern, ihn zu verfolgen, oder noch Schlimmeres«), er simuliert von neuem Unbefangenheit, indem er einen Abschnitt aus seinem Brevier mit lauterer Stimme rezitiert, er legt »soviel Ruhe und Heiterkeit in seine Miene, wie er nur konnte« (denn er weiß, daß man, sobald die Gesten und Gesichtszüge sprechen, mit ihnen auch lügen kann), er versucht, sich ein Lächeln abzuringen, um seine Unterwürfigkeit zu demonstrieren, er bleibt entschlossen stehen.

Die Bravi ihrerseits reden, noch ehe sie drohende Worte sagen, in drohender Haltung, sie raunen dem Priester etwas ins Ohr, »aber in feierlichem Befehlston«, und sie wissen sehr wohl, daß die Haltung mehr sagt als der gesprochene Satz, denn »wäre die Sache durch Rederei zu entscheiden, würdet Ihr uns in die Tasche stecken«.

Nur am Ende der Episode passiert etwas, das unsere Hypothese ins Wanken zu bringen scheint, und das muß genau untersucht werden.

Die Eigennamen

Die Bravi erwähnen Don Rodrigo, und »dieser Name wirkte auf Don Abbondio wie ein Blitz in einem nächtlichen Gewitter, der mit einem Schlage alles erhellt und den Schrecken noch vergrößert«. Angesichts solcher Macht des Namens möchte man sagen, daß von all den Worten, auf die wir nicht bauen können, da sie nur »Schall und Rauch« sind, die Eigennamen kraft ihrer hinweisenden Funktion einen Sonderstatus annehmen, der sie den Symptomen und visuellen Zeichen ähnlich macht. Gewiß muß der Romancier auf Eigennamen bauen, um seine Personen eindeutig zu bezeichnen. Es scheint jedoch, daß Manzoni, wenn er unverwechselbare Etiketten braucht, wie für Renzo, Lucia, Agnese, Tonio oder auch Donna Prassede, immer die neutralsten wählt, die er finden kann, wobei er sich im Heiligenkalender und in der Bibel bedient oder mit bewußt überdrehten metaphorischen Typisierungen spielt. Für die unvermeidbaren historischen Persönlichkeiten im Hintergrund benutzt er diejenigen Namen, die zu benutzen ihn die Geschichtsbücher zwingen (Federigo, Ambrogio Spinola, Ferrer), aber sonst achtet er peinlich darauf, sowenig wie möglich Personen- und Ortsnamen zu benutzen, was nicht nur zu häufigem Einsatz von Sternchen führt, sondern auch zu so platten Antonomasien wie »die Signora« – und schließlich zu jenem Meisterwerk an Zurückhaltung, das »der Ungenannte« ist (der im Italienischen sogar ohne Majuskel geschrieben wird).

Manzoni hat somit die gleiche Abneigung vor dem Nennen von Namen, wie sie Renzo im Wirtshaus gegenüber dem falschen Ambrogio Fusella bekundet. Und er hat sie offenbar nicht nur aus Respekt vor einigen Gattungsregeln. Er scheint den Eigennamen zu mißtrauen, weil ihm klargeworden ist, daß auch sie in den Chroniken, die von Tatsachen sprechen, zweideutig sind – so zweideutig, daß man nicht einmal den wahren Namen dessen weiß, der als erster die Pest eingeschleppt hat, und zwischen zwei Namen wählen muß, die vermutlich beide falsch sind. Werden dann einmal wahre Namen in den Schmutz gezogen, siehe den Fall des Barbiers Giangiacomo Mora (Kap. 34), so verbindet sich mit dem Etikett ein Bild, das nicht der Realität entspricht, da es bei einem Klang, der Mitleidsgefühle hervorrufen müßte, an Niedertracht denken läßt.

Demnach wären die Eigennamen – verstörende Zeichen – in ihrer Eigenschaft als Wörter unzuverlässig, und noch unzuverlässiger drohen sie als »starre Designatoren« zu sein. Je weniger man sie gebraucht, desto besser. Doch als Etiketten funktionieren sie: Der Leser »befrachtet« den Namen Lucia nach und nach mit all dem, was die Gesten seiner Trägerin zu ihrer Charakterisierung geleistet haben, und die Romanpersonen tun es nicht anders. Es liegt auf der Hand, daß ein Name um so wirksamer ist, wenn er eine Reihe von Charaktereigenschaften etikettiert, die von vornherein feststehen, wie bei Don Rodrigo und bei Personen, die wie Federigo durch eine nicht in Frage gestellte Hagiographie als Typen festgelegt sind. Rodrigo und Federigo sind Klischees, der eine ist seit den ersten Kapiteln verurteilt (und zwar so unwiderruflich, daß man nicht einmal erfährt, ob ihn im Moment des Todes die Gnade ereilt), der andere ist von Heiligkeit durchdrungen, noch ehe er auftritt. Deshalb haben ihre Namen eine fast magische Kraft; bei ihrem bloßen Klang zuckt man schon zusammen oder atmet auf.

Doch sowohl bei schon definierten Personen wie Federigo als auch bei denen, die erst noch definiert werden müssen, wie der Ungenannte, kann Manzoni Namen benutzen und sein Mißtrauen gegenüber den Wörtern mildern, weil er als guter Erzähler weiß, daß die Eigennamen nur Haken sind, an denen man gegebene Charakterbeschreibungen aufhängt, und diese Charakterbeschreibungen ergeben sich aus einem Spektrum von Verhaltens- oder Handlungsweisen, die in Begriffen einer natürlichen Semiotik dargelegt werden.

Ansonsten würde ich nicht sagen, daß Manzoni die Namen zur Charakterisierung benutzt. Den Fall der diffamierenden Spitznamen, wie bei den Bravi, können wir außer acht lassen, denn die Bravi treten bereits als fertige Typen auf, charakterisiert durch das, was sie sind und sein sollen. Untersuchen wir lieber den Grenzfall: den des Doktors Azzeccagar-bugli (je nach Übersetzung »Doktor Pfiffikus« oder »Doktor Rechtsverdreher«).

Dieser scheint zwar von vornherein durch seinen Spitznamen charakterisiert zu sein, aber das stimmt nicht ganz. Das Szenario der visuellen Signale, mit denen er sich umgibt, verführt Renzo zunächst: Die Gesten des Winkeladvokaten sind von Humanität geprägt, sein Studierzimmer spricht für sein Wissen und seine Gesetzestreue (die Porträts der zwölf Cäsaren an den Wänden, das Regal voller alter Bände, der Tisch übersät mit Akten, Bittschriften, Büchern). Auch vergesse man nicht, daß der Doktor als Hausgewand einen Talar trägt, wenn auch einen verschlissenen. Renzo fällt auf ein trügerisches Szenario herein und glaubt, man könne das Recht auch zu ehrlichen Zwecken verdrehen. Der Name hat die Person noch nicht verurteilt, und die Insze-nierung verleiht ihr Würde, zumindest in den Augen dessen, der noch keine Erfahrung mit den Dingen der Welt hat. Alle Gesten des Doktors beruhigen Renzo: die Bereitwilligkeit, mit der er ihm die Ver-ordnungen zeigt, ihn gleichsam mit Händen greifen läßt, daß es die Gesetze wirklich gibt ... Der Advo-kat wird erst verabscheuungswürdig, als Renzo merkt, daß sein Reden vom Gesetz in Wirklichkeit seinen Willen verschleiert, das Gesetz zu mißachten, und er zeigt sein wahres Gesicht erst, als er schließ-lich wie Don Abbondio redet, soll heißen, als er die

Sprache benutzt, um sich dem Wunsch, der an ihn herangetragen wird, zu entziehen. Erst an diesem Punkt vollführt er unzweideutige Gesten, indem er Renzo hinausjagt und vor allem (der Vollzug des Symbolischen hat einen materiellen Preis), indem er ihm die Kapaune zurückgeben läßt.

Die Vergebung für Bruder Cristoforo

Hier haben wir es mit einer großen, höfisch-zeremoniellen und liturgischen Inszenierung zu tun, in der die Anordnung der Personen, die Zeit und der Ort, die Bewegungsregie, die Kostüme und Posen viel mehr als die Worte über Leben und Tod des Reumütigen entscheiden.

Schon das Duell war überhaupt nur zustande gekommen, weil Verhaltensregeln befolgt werden mußten, in denen rechts und links und Mienen und Tonfälle zählten, und die Reue hatte sich in Lodovico erst zu regen begonnen, als er die Toten daliegen sah, denn »obgleich Mord und Totschlag in jenen Zeiten etwas so Gewöhnliches waren, daß niemand sich wunderte, wenn ihm einer zu Ohren oder vor Augen kam, war es für den jungen Mann doch ein neuer und unbeschreiblicher Eindruck, den seinetwegen Getöteten und den von ihm selbst Getöteten da vor sich liegen zu sehen« (Kap. 4). Erst dieser Eindruck, erst »der Fall seines Feindes, die Veränderung jenes

35

Gesichts« machen ihm richtig bewußt, was er seit einer Weile schon wußte. Aber kommen wir zu der Vergebungsszene.

Blut fordert Blut; daß Lodovico bereut, daß er um Vergebung bittet oder gar Kapuzinermönch wird, kann die Schmach, die er der Familie des Getöteten angetan hat, nicht sühnen. Es sühnt sie jedoch eine ausgeklügelte Inszenierung, die in den codierten Begriffen einer strengen höfischen Etikette besagt, was Worte nicht sagen können – eine eminent barocke Vorstellung, die Manzoni mit großem darstellerischem Gespür erfaßt. Daher die Versammlung aller Familienmitglieder im großen Saal, die weiten Mäntel, hohen Federn, wippenden Degen, steifen Halskrausen und langen Schleppen, eine weltliche Liturgie des Adels. Die beiden Mönche schreiten rituell durch das Spalier der Menge, und schon an diesem Punkt beweisen »Gesicht und Haltung Fra Cristoforos [...] den Anwesenden klar«, daß er wirklich bereut. Daß Cristoforo ehrlich *ist*, zählt nicht: Er *verhält* sich ehrlich, nach Art eines Ehrenmannes, der als Kind seiner Zeit, das er ist, sich gleichsam instinktiv in Szene setzt und gar nicht umhin kann, sich in Szene zu setzen, da er sich in einem Rahmen bewegen muß, der akkurat zu diesem Zweck hergerichtet worden ist. So aufgetreten, spielt er nun seine vorgeschriebene Rolle: Er kniet nieder, kreuzt die Hände vor der Brust und beugt den geschorenen Kopf. Dann spricht er und bittet um Vergebung, doch aus der Erzählung wird deutlich, daß es nicht seine Worte sind, die den Bruder des Getöteten und die Edelleute ringsum überzeugen. Die Überzeugung ist bereits induziert worden. Der Beleidigte trägt zwar »forcierte Herablassung und verhaltenen Zorn zur Schau« (man beachte: »zur Schau«, wie ein Schauspieler im Theater), aber die Gesten des Reumütigen (die rituellen Posen) bewirken, daß die Gesten des Beleidigten sich nun ändern können. Daher schließlich, liturgisch und gewiß auch kirchlich, die Umarmung und der Friedenskuß, die Bitte um das Brot der Vergebung und ihre Gewährung. Daß dieses Brot mehr als ein bloß zeremonieller Gegenstand ist, daß es die Vergebung nicht nur *be*zeugt, sondern sie szenisch-performativ *er*zeugt und am Leben erhält, solange es physisch weiterbesteht, weiß Cristoforo so gut, daß er sein ganzes Leben lang ein Stück davon mit sich führt. Im Lazarett, kurz nachdem er Renzo gesagt hat, daß er in dreißig Jahren noch keinen guten Grund für seine schlimme Tat gefunden habe, vertraut er das Brot als Erbe, als Mahnung, als Unterpfand und letzte Wegzehrung den Verlobten an. Cristoforo empfindet es nicht als blasphemisch, wenn er jenes Brot als Reliquie benutzt, denn er weiß, daß es durch einen Ritus geweiht worden ist.

Weitere Beispiele

Wir könnten noch lange so fortfahren, und das Gegenteil wäre schlimm. Bei der Begegnung zwischen Fra Cristoforo und Don Rodrigo werden die höflichen Worte, mit denen Rodrigo das Gespräch beginnt, widerlegt durch »die Art und Weise, wie er sie aussprach« (Kap. 6). Rodrigo fragt, womit er dienen könne, aber sein Ton besagt: »Bedenke, wen du vor dir hast!« Und Cristoforo spielt Theater, wenn er (oder Manzoni für ihn, was auf dasselbe hinausläuft), um dem Bösewicht Angst einzujagen, wozu die verbalen Androhungen einer göttlichen Züchtigung sicher nicht reichen, auf eine andere szenische Pose zurückgreift, diesmal eine eher romantische als barocke: Er »trat zwei Schritte zurück, stellte den rechten Fuß trotzig vor, stemmte die Rechte in die Hüfte, hob die Linke mit ausgestrecktem Zeigefinger Don Rodrigo entgegen und durchbohrte ihn mit flammendem Blick«.

Die Nonne von Monza wird uns, noch ehe wir ihr schlimmes Schicksal kennen, mit einer Beschreibung vorgestellt, die ziemlich schauerromantisch klingt (Kap. 9) – hinter Gittern, verurteilt durch ihre physiognomischen Ambiguitäten, ihren Blick, die weltliche Sorgfalt, mit der sie ihre Taille betont, und die Sorglosigkeit, mit der sie über der Schläfe ein schwarzes Löckchen hervorlugen läßt, gegen jede Klosterregel. Wir wissen noch nichts über Gertrude, und schon ahnen wir vieles. Lucia freilich ahnt nichts, ihr sind die Codes der natürlichen Zeichensprache noch nicht vertraut, und der Pater Guardian hat aus politischen Gründen darauf verzichtet, die Zeichen zu deuten. Dabei hat Gertrudes ganze Erziehung mehr aus visuellen Zeichen als aus Worten bestanden, von den Puppen in Nonnentracht, die man ihr als Kind zum Spielen gab, bis hin zu jener Absonderung nach ihrer Rebellion, die sich in einem Wechselspiel von Absenzen, flüchtigen Blicken und beredtem Schweigen konkretisiert: »Die Tage vergingen, ohne daß der Vater oder sonst irgendwer ihr Gesuch oder seinen Widerruf erwähnte und ohne daß ihr irgendein Vorschlag gemacht wurde, weder mit Drohungen noch im Guten. Ihre Eltern gaben sich ihr gegenüber ernst, traurig oder mürrisch, ohne ihr jemals zu sagen, warum.« Die Möglichkeit zu sprechen, sich auszusprechen, wird ihr erst wiedergegeben, als sie kapituliert hat, denn inzwischen hat sie alles, was sie begreifen mußte, schon ohne Worte begriffen.

Im übrigen verurteilt Gertrude sich schließlich gerade deshalb zu klösterlicher Entsagung, weil ihr Worte entlockt worden sind, die sie nicht sagen wollte, die nicht ausdrücken, was sie empfindet, die aber, da sie rituelle Gesten von performativem Wert sind, nicht mehr zurückgenommen werden können, sobald man sie einmal gesagt hat.

Als Don Rodrigo den Ungenannten besucht

(Kap. 20), bezeugt er seinen Respekt allein durch ein komplexes Ritual von Begrüßungen und Beschenkungen der Bravi des Burgherrn, und dieser, der sich sofort durch eine Reihe von dunklen Gängen und Sälen voller Musketen, Säbel und Hellebarden an den Wänden ausweist, schaut dem Besucher als erstes, noch ehe er zu sprechen beginnt, scharf auf die Hände und ins Gesicht.

Im 33. Kapitel, als Don Rodrigo von der Pest befallen wird, spürt er unmißverständliche innere Signale, über die er sich nicht hinwegtäuschen kann, und der »Graue« begreift sofort, in welchem Zustand sich sein Herr befindet, als er ihm ins Gesicht blickt. In einer Welt, in der alle Teile der Gesellschaft – wie Manzoni in den Kapiteln davor erzählt hat – sich um die Wette darum bemüht haben, die Symptome der Krankheit zu ignorieren oder zu verkennen, was sie so lange tun konnten, wie sie die visuellen Evidenzen in verbale Berichte und Behauptungen übersetzten, können die Symptome Don Rodrigos nur richtig gedeutet werden, da sie sich nicht verbal vermitteln lassen. Wir stehen vor der natürlichen Evidenz einer »häßlichen Beule von schwarzblauvioletter Färbung«. Doch sofort greift wieder die Sprache ein, um die Realität zu verschleiern. Don Rodrigo lügt, indem er behauptet, er fühle sich wohl und habe bloß ein bißchen zuviel getrunken, der Graue lügt, indem er ihn mit Worten ermuntert und ihm noch Gehorsam verspricht, als er sich bereits anschickt, ihn den Pestpflegern zu übergeben. Beide verstehen einander mit Blicken und täuschen einander mit Worten.

Das Delirium des Massenwahns

Bisher haben wir versucht, aus verschiedenen Episoden eine implizite Semiotik abzuleiten. Sehr viel expliziter ist Manzoni jedoch in den Kapiteln über die Pest (31 und 32).

Während er erzählt, wie die Epidemie sich immer mehr ausbreitet und die ganze Gesellschaft zunächst jeden Gedanken daran verdrängt, um sich dann, als das Übel nicht mehr zu leugnen ist, eine menschliche Ursache dafür zusammenzuphantasieren und die Figur des Giftsalbenschmierers zu erfinden, spricht Manzoni von *delirio* und *pubblica follia* (Delirium und Massenwahn). Er meint zwar ein Delirium der Vernunft, aber die Art, wie er dessen Ursachen nachgeht und dessen Werdegang schildert, macht den Bericht zur Beschreibung eines semiosischen Mißbildungsprozesses, einer krankhaften Tumorbildung im gesellschaftlichen Umgang mit den Zeichen, die dazu führt, daß Signifikanten gefälscht und Signifikate vertauscht werden.

Die ersten Anzeichen der Seuche, die da und dort auftauchen (einige Leichen), sind noch nicht zu entschlüsseln; es heißt, die Todesursache seien »seltsame Leiden, deren Anzeichen [*segni*] dem größten Teil der Lebenden unbekannt waren«. Erst der Arzt Lodovico Settala, der die vorangangene Pestepidemie noch miterlebt hatte, liefert den Schlüssel zur richtigen Deutung. Aber als ähnliche Symptome in Lecco auftreten, schickt die Behörde nur ein paar Beamte dorthin, die sich mit der Aussage eines unwissenden Barbiers begnügen, der einen weiteren irreführenden Schlüssel liefert: Es handle sich um eine Folge »der herbstlichen Sumpfdünste« oder »der beim Durchzug der Deutschen ausgestandenen Beschwerden und Strapazen«.

Doch neue Beweisstücke tauchen auf, überall findet man »die häßlichen und furchtbaren Merkmale [*marche*] der Pestilenz«. Es wird mündlich und schriftlich darüber berichtet, erst dem Gesundheitsamt und dann dem Gouverneur, der sich zwar betroffen zeigt, aber erklärt, die Sorgen um den Krieg seien vordringlich. Die Bevölkerung ihrerseits, leidenschaftlich daran interessiert, die Angst zu verdrängen, wetteifert im Legitimieren der ausgefallensten Interpretationsschlüssel und schreibt die Symptome den phantastischsten Ursachen zu.

Schließlich sieht jemand zum ersten Mal eine Beule. Hier müßte der Signifikant nun eigentlich, kraft gefestigter symptomatologischer Tradition, sein richtiges Signifikat herbeizwingen. Doch nur wenige haben die Beule gesehen, die meisten kennen sie nur vom Hörensagen. Überdies richten die amtlichen Erlasse, die sich in sinnloser Weise vervielfachen, um der

Seuche zuvorzukommen, ihrerseits eine sprachliche Konfusion an und kommen gewöhnlich zu spät. Es scheint zudem, daß die Nachrichten von Todesfällen nicht oft genug eintreffen, und »gerade die Seltenheit der Fälle hielt den Verdacht von der Wahrheit fern«. Hier beginnt ein Prozeß, den ein Epistemologe der inneren Schwäche jeder induktiven Methode zuschreiben würde (wie viele Fälle sind nötig, um die Formulierung eines Gesetzes zu rechtfertigen?), der aber de facto eine rhetorische Unsicherheit ins Spiel bringt, eine Ratlosigkeit in der Frage, wie konsistent ein Teil sein muß, um als pars pro toto das Ganze zu repräsentieren, oder wie evident eine Wirkung sein muß, um als gute Metonymie der Ursache zu fungieren. In jedem Fall haben die Ärzte angesichts ihrer Ungewißheit über die Symptome einen guten verbalen Kunstgriff bereit: Sie geben den unklaren Symptomen »die Namen gewöhnlicher Krankheiten, um jeden Pestfall zu qualifizieren, zu dessen Behandlung sie gerufen wurden, mit welchen Symptomen und Merkmalen er auch aufgetreten sein mochte«. Die Opposition zwischen Symptomen/Merkmalen, also Zeichen einerseits und Namen andererseits, ist evident. Der visuelle und natürliche Signifikant wird verschleiert durch einen verbalen Signifikanten, der seine Erkenntnis verhindert.

Es gibt jedoch einige Männer, die »sehen« können, wie die Geißel näher kommt. Und sie werden als Vaterlandsfeinde gebrandmarkt (sie bekommen den »Namen von Vaterlandsfeinden«, schreibt Manzoni). Typisch der Fall des Lodovico Settala, der beinahe gelyncht wird, weil er sagen wollte, was er gesehen hat. Die anderen Ärzte, die alles leugnen, greifen angesichts der »verhängnisvollen Symptome von schwarzblauen Flecken und Beulen« auf einen »Betrug mit Worten« zurück und sprechen von »pestartigen Fiebern«.

An diesem Punkt bricht nun so etwas wie eine neue rhetorische Figur hervor, die das Universum der natürlichen Semiose gliedert: Der Tod bekannter Persönlichkeiten wirkt (per Antonomasie) überzeugender als die Tode, von denen man schon wußte. In gewissem Sinne wird das, was bisher nur »gesagt« worden war, auf einmal zwangsläufig auch »gesehen«, sei's auch nur in Form einer weithin sichtbaren Abwesenheit.

In diesem Gewirr visueller Zeichen, die durch verbale Definitionen verundeutlicht werden, meint schließlich jemand, daß nur noch die öffentlich sichtbare Evidenz den Machenschaften des Wortes entgegenzutreten vermag: »Zur Zeit des größten Gedränges wurden nun auf Anordnung des Gesundheitsamtes die Leichen jener Familie mitten zwischen den Kutschen, Reitern und Fußgängern zum Friedhof gebracht, auf einem Karren und nackt, damit die Menge an ihnen die offenkundigen Zeichen der Pestilenz sehen könne [...] Die Pest war nun nicht mehr zu leugnen.«

Nun scheint es, daß die Pest offenkundig wird und man ihre Symptome richtig zu deuten beginnt. Aber die Machenschaften des falschen Bewußtseins reproduzieren sich auf einer anderen Ebene. Da man die Seuche nicht mehr negieren kann, sucht man jetzt die Gründe der Ansteckung zu verschleiern (und zwingt schließlich sogar den Kardinal zur Durchführung einer feierlichen Bittprozession, wodurch die Gelegenheiten zur Ansteckung sich natürlich vervielfachen). Es beginnt die Konstruktion des Mythos der Giftsalbenschmierer.

Manzoni selbst resümiert am Ende des 31. Kapitels das, was in diesem Prozeß einer semiosischen Pestilenz geschehen ist, als eine Aktion der verbalen Sprache (die er definiert und namhaft macht) gegen die natürliche Ausdruckskraft der nichtverbalen Zeichen, die ohnehin schon weitgehend unverstanden geblieben waren, da vorangegangene Verkrustungen durch Leidenschaften die Vernunft benebelt hatten.

1.) »Am Anfang also keine Pest, auf keinen Fall und in keiner Weise, sogar das Wort ist verboten« – gegen die Evidenz der Symptome steht und wirkt das Tabu, das auf dem sprachlichen Signifikanten lastet.

2.) »Dann pestartige Fieber: die Vorstellung schleicht sich durch ein Adjektiv ein« – der Signifikant ändert sich, um nicht sein richtiges Signifikat zu evozieren.

3.) »Dann keine *richtige* Pest; soll heißen: Pest schon, aber nur gewissermaßen; nicht eigentlich Pest, sondern etwas, für das man keinen anderen Namen finden kann« – jetzt beginnt sich der Inhalt zu ändern.

4.) »Schließlich ganz zweifellos und unbestreitbar Pest, aber schon hat sich eine andere Vorstellung damit verbunden, nämlich die der Hexerei und Giftmischerei, die den Sinn des nicht mehr abweisbaren Wortes verwirrt und verfälscht« – jetzt erfolgt eine radikale Veränderung, durch die das Wort, das als Inhalt ein Symptom hat, welches auf eine Ursache p verweist, nun auf ein anderes Symptom bezogen wird, das als Inhalt eine Ursache q haben müßte. Eine totale Verfälschung des Signifikats – also der Bedeutung – durch Einsatz aller Mittel, die der Sprache zur Verfügung stehen, um die natürliche Ausdruckskraft der visuellen Zeichen und der natürlichen Symptome zu modifizieren.

An diesem Punkt scheint es, als ob das schlechte Gewissen der Gesellschaft, statt weiter die visuelle Evidenz mit Worten zu verschleiern, nun selber visuelle Evidenzen zu inszenieren beginne. Einige Leute »meinten, gesehen zu haben«, daß jemand im Dom eine hölzerne Trennwand zwischen den Sitzbänken mit irgendeiner Substanz beschmiert habe; man bringt die Wand samt dazugehörigen Bänken auf den Domplatz hinaus und beschließt, sie einer Waschung zu unterziehen. Jedoch »die Masse der

übereinandergestapelten Dinge machte einen furcht-
erregenden Eindruck auf die Menge«, und »man
sagte und glaubte allgemein, im Dom seien sämt-
liche Bänke, Wände und sogar die Glockenseile
eingeschmiert worden«. Ein interessanter Aufblä-
hungsvorgang: Erst waren viele Tote nicht genug als
Synekdoche für die Seuche, jetzt genügen ein paar
Holzbänke als Synekdoche für den ganzen Dom
und die allgemeine Verseuchung. Am nächsten Morgen »überraschte ein neuer, noch seltsamerer und
bedeutungsvollerer Anblick Augen und Sinn der
Bürger«. Waren die Bänke auf dem Domplatz noch
eine zufällige Inszenierung gewesen, so ist nun eine
gelblich-weißliche Sudelei auf Haustüren und Mau-
ern offenbar eine vorsätzliche Inszenierung, ob zum
Schabernack oder in terroristischer Absicht. Hier
beginnt das wahre »Delirium«, der wirkliche Massenwahn. Daß die Geschichte dieses Wahns nicht nur
eine psychiatrische ist, sondern die Geschichte einer
Machenschaft oder zumindest einer Metastase des
wild gewordenen Zeichenprozesses, weiß oder arg-
wöhnt Manzoni, wenn er sagt: »Bei Irrtümern und
besonders bei denen, die von vielen geteilt werden,
scheint mir das Interessanteste und am nützlichsten
zu Beobachtende die Entwicklung zu sein, die sie
durchgemacht haben, die Art und Weise, wie sie aufgetreten sind und wie sie es geschafft haben, in die
Köpfe einzudringen und sie zu beherrschen«. Besser, scheint mir, kann man den Prozeß einer öffent-

lichen Meinungsbildung durch verzerrte Interpretation der Zeichen nicht darlegen, sei die Verzerrung nun zufällig und instinktiv oder planvoll in böser Absicht erfolgt.

Geschwächt durch die lange Täuschung der Gelehrten, die mit wechselnden Argumenten die Seuche geleugnet hatten, aber auch durch die Angst der einfachen Leute selbst, die aus natürlichem Trieb die Evidenz zu verdrängen gesucht hatten, ist die Kraft der populären Semiose, die während des ganzen Romans bisher noch stets dem Reden der Intriganten entgegengewirkt hatte, nun definitiv erschöpft. Die Geschichte der Giftsalbenschmierer ist die Geschichte eines kollektiven Wahns, der jedem Symptom eine verzerrte Bedeutung zuweist, beziehungsweise in dem jede Tatsache, jede Geste zwanghaft aus den alltäglichen Kontexten und gewohnten Szenarien gerissen und zum Symptom einer einzigen obsessiven Bedeutung umgewandelt wird. Als Giftschmierer gilt, wer an der Kleidung als Ausländer erkannt wird, man lyncht einen alten Mann, der eine Kirchenbank abgestaubt hat, man versucht Renzo zu lynchen, weil er an eine Tür klopft. Jemand fragt nach dem Weg und zieht dabei höflich den Hut, und sofort denkt man, er habe in der Krempe das giftige Pulver versteckt, um es auf das Opfer zu streuen; jemand berührt die Domfassade, um die Härte des Steins zu prüfen, und die Menge fällt wütend über ihn her...

Das System der normalen Erwartungen bricht zusammen. Als Don Abbondio die Bravi erblickte, sah er noch etwas Unerwartetes, denn er wußte, was er hätte sehen müssen und was, wenn er es sähe, auf schlimme Nachrichten deuten würde. Nun sieht niemand mehr etwas, man erwartet nichts mehr, beziehungsweise man sieht und erwartet – und man erwartet und sieht daher – immer dasselbe Zeichen. Ein einziger Signifikant für ein einziges Signifikat – das ist die Obsession, der allgemeine Massenwahn.

Verbale Sprache contra populäre Semiose? Zur Entkräftung der Hypothese würde der Hinweis genügen, daß Manzoni in seinem Roman die Niederlage der Sprache und den Sieg der populären Semiose durch die erzählende Sprache feiert. Aber dieser Einwand trifft nur die implizite Semiotik Manzonis, nicht deren hier versuchte Rekonstruktion. Hier ging es nicht darum, die Grenzen der Sprache zu feiern, hier ging es darum zu zeigen, wie ein Autor – natürlich mit Worten – seine pessimistische Auffassung von der Macht des Wortes darlegt. Ein schöner Widerspruch, der etwas weniger widersprüchlich wird, wenn man sich klarmacht, daß jeder vollständige Roman eine Maschine darstellt, die zwangsläufig sprachlich ist und sich als solche bemüht, auf sprachlichem Wege Zeichen zu veranschaulichen, die selber nicht sprachlich sind, sondern mit einer ihnen eigenen instinktiven und ungestümen Autonomie die Sprache begleiten, ihr vorausgehen und ihr folgen.

Diese Fähigkeit der verbalen Sprache, das Nichtverbale zu evozieren, hat in der Rhetorik einen Namen: *Hypotypose*.

Da wir dem Gebrauch der Sprache nicht entkommen (»zu reden, einfach draufloszureden, ist soviel leichter als alles andere zusammen, daß auch wir, ich meine wir Menschen im allgemeinen, ein wenig zu bedauern sind«, heißt es am Ende des 31. Kapitels), sagen wir also: Nur um den Preis einer ununterbrochenen Kette von Hypotyposen kann Manzonis Roman seine implizite Semiotik entfalten, exemplifizieren und sich als verbale Feier der nichtverbalen Zeichensprache darstellen.

Als sprachliche Maschinerie, die sich feiert, indem sie sich negiert, sagt uns der Roman etwas über andere Modi des Bedeutens und suggeriert uns, daß er als verbales Gebilde im Dienst dieser Modi steht, denn er erzählt nicht von Worten, sondern von Taten, und selbst wo er von Worten erzählt, tut er es nur, weil sie Taten geworden sind.

Wanderungen Cagliostros

Vortrag auf dem internationalen Kongreß »Presenza di Cagliostro« im Juni 1991 in San Leo, veröffentlicht in *Presenza di
Cagliostro*, atti a cura di Daniela Gallingani, Florenz, Centro
Editoriale Toscano, 1994. [Im Kerker des Kastells von San Leo,
nahe San Marino, hatte Cagliostro seine letzten Lebensjahre verbracht und war dort am 26. August 1795 gestorben. *A. d. Ü.*]

Den Titel *Wanderungen Cagliostros* hatte ich schon vor Monaten gewählt, als ich noch nicht genau wußte, was ich sagen würde, jetzt aber merke ich, daß er als Titel über diesem ganzen Kongreß stehen könnte, denn was die meisten der hier Versammelten zu faszinieren scheint, ist nicht Cagliostro als historische Figur, sondern das Bild von ihm, das durch zahllose Erzählungen gewandert ist. Besonders durch jene Art von Pseudo-Romanen, als welche wir die Rekonstruktionen der Händler des Okkulten ansehen können, in denen freimaurerischer Pro-Cagliostrismus und reaktionärer Anti-Cagliostrismus in gleicher Weise agieren: beide mit einer gewissen Lust an der historischen Ungenauigkeit, mit unterschiedsloser Leichtgläubigkeit gegenüber Quellen aller Art und mit der Neigung, eine Zeugenaussage nicht zu benutzen, wenn ihre Glaubwürdigkeit erwiesen ist, sondern sie als glaubwürdig zu betrachten, *weil* sie bereits von anderen benutzt worden ist.

Verfolgt man die Geschichte dieser Wanderungen, so muß man sich fragen, warum Cagliostro ein so großes Interesse bei den Geheimnis-Jägern erregt hat, obwohl er eine so gänzlich geheimnislose Figur ist. Cagliostro ist derart vorhersehbar, daß man meinen könnte, er sei von einem Computer programmiert worden, dem man folgende Daten eingespeist hat: Angaben über die Psychologie einer typischen Figur des 18. Jahrhunderts, nämlich des Glücksritters (von Casanova bis Da Ponte), mit seiner Vorliebe für das kosmopolitische Abenteuer, seiner Neugier für das Ungewöhnliche und seiner Leidenschaft für die Intrige; Informationen über die Entstehung der Freimaurersekten und ihre Rolle beim Knüpfen von Kontakten zwischen aufsteigendem Bürgertum und einer mit dem Ancien Régime unzufriedenen Aristokratie; Anekdoten über Monarchen und Landgrafen, die alchimistische Experimente finanzieren, wobei sie mit einem Auge auf den Stein der Weisen schielen und mit dem anderen auf die Chemie für eine Manufaktur-Industrie (einschließlich der Geschichte des Grafen von Milly, der sich auf der Suche nach einem Elixier für langes Leben am Ende versehentlich selbst vergiftete). Dies sind die Ingredienzien, aus denen sich der Graf Cagliostro zusammensetzt. Cagliostro ist eine der durchsichtigsten Figuren seiner Zeit. Daß er ein so großes Interesse geweckt hat, liegt vielleicht nur daran, daß er den Archetyp des ewigen Mannes ohne Eigenschaften, der sich von den Strömungen seiner Zeit durchdringen läßt, pittoresker und geräuschvoller als alle anderen verkörperte.

Wenn überhaupt, ist das wahre Geheimnis in dieser Geschichte nicht Cagliostro, sondern der Kardinal de Rohan. Daß ein Abenteurer Intrigen spinnt, von denen er manchmal profitiert und manchmal selbst überrollt wird, ist normal. Aber daß eine Persönlichkeit von vermutlich mittlerer Intelligenz, ein hoher Würdenträger mit politischen und religiösen Pflichten, sich von diesen Intrigen überzeugen, faszinieren und benebeln läßt und mit Erfolg als Monument der Dummheit in die Geschichte eingehen kann, das beunruhigt uns bis heute. Staaten fallen nicht, wenn die Cagliostros (oder die Gräfinnen La Motte-Valois) von außen gegen sie Komplotte schmieden, sondern wenn die Rohans von innen die Glaubwürdigkeit ihrer herrschenden Klassen aushöhlen.

Dies ist der springende Punkt – aber wie erklären, daß die Französische Revolution ein Produkt des Ancien Régimes ist und nicht das kinohafte Ergebnis des Sturms auf die Bastille? Gerade wegen seiner Vorhersehbarkeit und Durchsichtigkeit hat Cagliostro sich besser als andere dazu geeignet, einige historische Prozesse mythologisch zu interpretieren. Am stärksten hat sich die mythenbildende Spannung über Cagliostro – zwischen den beiden Polen der Heiligsprechung und der Verteufelung – auf der Linie des revolutionären Komplotts festgemacht. Diese kann auf der Stufe des unverantwortlichsten Fabulierens die Form der templerischen Vendetta annehmen, die wir von Cadet de Gassicourt bis Guaïta finden (für Stanislas de Guaïta, *Le Temple de Satan*, 1891, S. 313, kommt der Name der Jakobiner nicht von dem eines Klosters, sondern von dem des letzten Templer-Großmeisters Jacques de Molay), oder auf Stufen besser fundierter ideologischer Polemik die Form des freimaurerisch-aufklärerischen Komplotts (vom Marquis de Luchet über den Abbé Barruel und längs der jesuitischen Tradition des 19. Jahrhunderts bis in neuere Zeiten, aber auch in Musterbeispielen des antiklerikalen *Roman-Feuilletons*). Das Schöne daran ist, daß die Theorie der revolutionären Verschwörung glaubhaft wird, wenn man die Komplottmetapher in Begriffe der Kulturgeschichte übersetzt. Dann nämlich bemerkt man, daß die Verschwörung keineswegs im verborgenen, sondern am hellichten Tage vonstatten ging, so wie jene, die Kopernikus, Galileo, Kepler und Newton vereinte, um nicht den Kardinal de Rohan, sondern den Kardinal Bellarmin in Schwierigkeiten zu bringen. Aber wie erklärt man den Massen einen historischen Paradigmenwechsel? Indem man den abstrakten Begriff einer kulturgeschichtlichen Tendenz oder einer historischen Gesetzlichkeit in den anthropomorphen Begriff eines *deus ex machina* übersetzt. Cagliostro, der so durchsichtig ist, daß er für jeden erkennbar wird, scheint wie geschaffen, um das, was man nicht sehen kann, in Szene zu setzen. Und so verbinden sich in Alexandre Dumas' Roman *Joseph Balsamo* (aus dessen Anfang ich in einer unbezahlbaren zeitgenössischen Übersetzung zitieren möchte[3]) zu einem einzigen Knäuel die Mystik Swedenborgs, die *Encyclopédie*, Rousseaus »Zurück zur Natur«, die philosophische Freimaurerloge »Neun Schwestern« und das ewige Streben des Volkes nach einer charismatischen Figur, die sich als Rächerin aller sozialen Übel anbietet.

»Wer bist du?« fragten gleichzeitig dreihundert Stimmen, während zwanzig Degen in den Händen der nächsten Phantome aufblitzten und in gleichmäßiger Bewegung wie eine geübte Phalanx nahten, um sich auf der Brust des Unbekannten zu vereinen. Dieser jedoch lächelte ruhig, hob das Haupt und schüttelte sein ungepudertes Haar, das nur mit dem um die Stirn gelegten Band zusammengehalten wurde.
»*Ego sum qui sum*«, sprach er. »Ich bin, der ich bin.«
Dann ließ er die Augen über die Menschenmauer schweifen, die sich dicht um ihn aufgebaut hatte, und unter seinem herrscherlichen Blick senkten sich die Klingen in unregelmäßiger Folge, je nachdem, ob die, welche er mit diesem Blick niederstreckte, seinem Einfluß alsogleich nachgaben oder sich noch dagegen zu wehren versuchten.
»Du hast ein unvorsichtiges Wort gesprochen«, sagte der Vorsitzende, »und sicher hast du das nur getan, weil du nicht weißt, wie groß seine Tragweite ist.«

3 Eine entsprechende deutsche Übersetzung war leider nicht zu finden, da die zeitgenössischen Ausgaben diesen Roman – wie fast alles von Dumas – nur stark gekürzt wiedergeben. Das Zitat ist daher, angelehnt an die unter dem Titel *Cagliostro* erschienene Neuübersetzung von Martin Schoske (Stuttgart 1992, Fischer Taschenbuch 1995), ebenso wie die folgenden Zitate direkt aus dem Original übersetzt worden (*A. d. Ü.*).

Der Fremde schüttelte lächelnd den Kopf.

»Ich habe geantwortet, was ich antworten muß«, sagte er.

»Woher also kommst du?« fragte der Vorsitzende.

»Aus dem Lande, aus dem das Licht kommt.«

»Uns ist aber bedeutet worden, daß du aus Schweden kommst.«

»Wer aus Schweden kommt, kann auch aus dem Orient kommen«, versetzte der Fremde.

»Noch einmal also, wir kennen dich nicht: Wer bist du?«

»Wer ich bin? ... Nun, sei's drum«, erwiderte der Unbekannte, »ich werde es euch in Kürze sagen, da ihr ja vorgebt, meine Worte nicht zu verstehen. Doch zuvor will ich euch sagen, wer ihr selber seid.«

Die Phantome zuckten empor, und ihre Klingen stießen aneinander, während sie aus der linken in die rechte Hand wechselten und sich zur Höhe der Brust des Unbekannten erhoben.

»Zuerst«, sprach der Unbekannte, indem er mit ausgestreckter Hand auf den Vorsitzenden deutete, »du, der du dich für einen Gott hältst und doch nur ein Vorläufer bist, du, der Vertreter der schwedischen Kreise: Ich werde dir deinen Namen nennen, damit ich es dann nicht mehr nötig habe, die der anderen zu nennen. Swedenborg, haben die Engel, die so vertraut mit dir plaudern, dir nicht enthüllt, daß der, den du erwartetest, sich auf den Weg gemacht hatte?«

»Das ist wahr«, antwortete der Vorsitzende und hob sein Laken, um besser sehen zu können, mit wem er sprach. »Sie haben es mir gesagt.«

[...]

»Gibt es ein sicheres Zeichen, an dem Ihr ihn erkennen könnt?«

»Ja«, antwortete der Vorsitzende, »und Gott war so gnädig, es mir durch seine Engel zu offenbaren.«

»Ihr allein kennt also dieses Zeichen?«

»Ich allein kenne es.«

»Und Ihr habt es niemandem verraten?«

»Niemandem auf der Welt.«

»Enthüllt es mit lauter Stimme.«

Der Vorsitzende zögerte.

»Enthüllt es«, wiederholte der Fremde in gebieterischem Ton. »Enthüllt es, der Augenblick der Offenbarung ist gekommen!«

»Er wird auf der Brust«, sagte der Oberste der Oberen, »eine diamantene Platte tragen, und auf dieser Platte werden die drei Anfangsbuchstaben einer nur ihm bekannten Devise funkeln.«

»Welche Buchstaben sind es?«

»L.P.D.«

Mit einer raschen Bewegung schob der Fremde Rock und Weste beiseite, und auf seinem feinen Seidenbatisthemd erschien, strahlend wie ein flammender Stern, die diamantene Platte, auf welcher die drei Buchstaben in Form von Rubinen funkelten.

»*Er!*« rief der Vorsitzende erschrocken. »Sollte es wirklich *Er* sein?«

»Er, den die Welt erwartet!« sagten die Oberen voller Ehrfurcht.

»Der Großkophta!« murmelten dreihundert Stimmen.

»Wohlan!« rief der Fremde in triumphierendem Ton. »Glaubt ihr mir jetzt, wenn ich euch zum zweiten Mal wiederhole: Ich bin, der ich bin?«

»Ja«, riefen die Phantome und warfen sich zu Boden.

»Sprecht, Meister«, sagten der Vorsitzende und die fünf Oberen mit der Stirn am Boden. »Sprecht, und wir werden gehorchen.«

Aber Dumas hat nichts erfunden, man vergleiche den folgenden Auszug aus der *Vita di Giuseppe Balsamo, denominato il conte Cagliostro, dedotta dalla*

procedura istruita contro di lui a Roma nel 1790 [Le-
ben des Giuseppe Balsamo, genannt Graf Cagliostro, erschlossen aus dem 1790 in Rom gegen ihn ge-
führten Prozeß], Rom 1791, Druckerei der Camera
Apostolica (französische Ausgabe Paris 1791: *Vie de
Joseph Balsamo, connu sous le nom de Comte Cagliostro, extraite de la procédure instruite contre lui à
Rome en 1790*) – nur daß Dumas vom Komplott
eines Heiligen spricht, während hier das Komplott
eines Teufels eingestanden wird:

Wir stiegen vierzehn oder fünfzehn Stufen in einen Keller
hinunter und gelangten in einen runden Raum, in dessen
Mitte ich eine Bodenplatte erblickte; sie wurde geöffnet, und
darunter stand ein eiserner Kasten, der seinerseits geöffnet
wurde und in dem ich eine Menge Papiere sah. Die beiden
Personen nahmen ein handgeschriebenes Buch heraus, das
wie ein Meßbuch aussah und an dessen Anfang geschrieben
stand: WIR GROSSMEISTER DER TEMPLER usw. Diesen Worten
folgte eine Schwurformel mit schrecklichen Ausdrücken, an
die ich mich nicht erinnern kann, aber sie betrafen die Ver-
pflichtung, alle despotischen Souveräne zu stürzen. Die Formel war mit Blut geschrieben und trug elf Unterschriften
nebst meinem Monogramm, das als erstes stand, alles gleich-
falls mit Blut geschrieben. Ich kann mich nicht an alle Namen
der Unterschriften erinnern, ausgenommen die Genannten.
[...] Diese Unterschriften waren die der zwölf Großmeister
der Illuminaten, aber in Wahrheit war mein Monogramm
nicht von mir gemacht worden, und ich weiß nicht, wie es
dorthin gekommen war. Was man mir über den Inhalt des Buches sagte, das in französischer Sprache geschrieben war, und
das wenige, was ich davon lesen konnte, bestätigte mir ein

weiteres Mal, daß diese Sekte beschlossen hatte, ihre ersten Schläge gegen Frankreich zu führen, und daß sie nach dem Fall jener Monarchie als nächstes Italien und insbesondere Rom angreifen sollte.

Ob Heiliger oder Teufel, sobald der Mythos einmal Fuß gefaßt hat, entzieht sich ihm niemand mehr. Ironisch und in entmystifizierender Absicht schreibt ein gewisser Clemente Vannetti 1789 ein *Liber Memorialis de Caleostro cum esset Roboreti*, in dem er im Stil der Evangelisten die angeblichen Heldentaten des Wundertäters erzählt:

Im achten Jahr der Regierung des Kaisers Joseph kam Cagliostro nach Rovereto. [...] Und einige sagten, er sei ein Zauberer, andere, er sei der Antichrist; und alle führten heftige Diskussionen untereinander. [...] Und es kamen auch Fremde, die sich anheischig machten, ihn im Gespräch bei einem Fehler zu ertappen und zu entlarven. Doch am Ende waren sie alle voller Bewunderung für ihn und die Weisheit seiner Worte.

Aber 1914 fördert Pericle Maruzzi (*Il vangelo di Cagliostro*, Todi, Atanòr) diesen Text zutage und nimmt ihn als Vorwand für eine Wiederaufwertung Cagliostros, denn »er ist das einzige unparteiische, wenn auch mit einem gewissen Sinn für Ironie geschriebene Dokument über die Rührigkeit des Wundertäters und die Systeme, die er verwendete, um die Kranken zu heilen, die zu ihm kamen«.

Im Zuge seiner Wanderungen wirft Cagliostro einen Abglanz seiner geräuschvollen Durchsichtigkeit auch auf andere Personen seines Jahrhunderts. Ich möchte an diesem Punkt ein knappes Profil der beiden feindlichen Brüder zeichnen (um eine Kategorie zu benutzen, die Jean Tortel zur Erklärung vieler Mechanismen des *Roman-Feuilletons* vorgeschlagen hat), eine Skizze, in der die Theatralik des sizilianischen Abenteurers gewissermaßen den Blick für die Reserviertheit des (vielleicht) piemontesischen Abenteurers schärft. Ich spreche von dem feindlichen Bruderpaar Cagliostro und Saint-Germain.

Sie sind Zeitgenossen und teilen die Neigung zur Maskerade (für die Chronik: Saint-Germain tritt je nachdem als Graf von Saint-Germain, Fürst Rakoczi, Graf von Saint-Martin, Marquis von Agliè, Herr von Surmont, Marquis von Welldone, Marquis von Monferrat, von Aymar und Belmar, Graf Soltikoff, Ritter von Schoening und Graf Tzarogy auf). Ansonsten könnten sie nicht verschiedener sein.

1.) Es ist nicht bekannt, daß Saint-Germain an Freimaurersekten gebunden war, und jedenfalls hat er keine gegründet.

2.) Seine Beziehung zur verfaßten Macht war eher die eines Instruments, eines Geheimagenten oder eines diplomatischen Vermittlers, und tatsächlich ist er nicht im Gefängnis gestorben, sondern als Gast des Landgrafen von Hessen-Kassel, für den er Experimente über das Färben von Stoffen und das Gerben von Leder machte.

3.) Er befaßte sich zwar mit Alchimie, schwang sich aber nicht zum Wundertäter auf; eher streifte er die Chemie und ihre Anwendungen in den Künsten (einschließlich der Farben in der Malerei) und in der Industrie. Wie wir aus den *Memoiren* der Madame de Genlis wissen, besaß und zeigte er gern

viele Edelsteine und vor allem gefärbte Diamanten von überraschender Größe und Vollkommenheit. »Ich glaubte« [berichtet ein Gewährsmann] »die Schätze der Wunderlampe zu sehen. Da waren unter anderem ein Opal von monströser Größe und ein weißer Saphir in den Dimensionen eines Hühnereis, dessen Glanz denjenigen aller anderen Steine, mit denen ich ihn vergleichen konnte, verblassen ließ. Ich wage zu behaupten, daß ich mich mit Juwelen auskenne, und ich kann versichern, daß das Auge keinerlei Grund zu entdecken vermochte, an der Echtheit jener Steine zu zweifeln, um so mehr, als sie nicht gefaßt waren.

Sein Biograph Chacornac (*Le comte de St.-Germain*, Paris, Editions Traditionelles, 1982) bemerkt allerdings, daß er seine Rezepte aus Buch VII von Cardanos *De subtilitate* bezog; ich habe nachgesehen, es handelt sich um ziemlich vernünftige Kunstgriffe »zur Fälschung von Edelsteinen« (*adulterandi gemmas*), durch welche ein Saphir die Klarheit eines Diamanten gewinnen kann.

4.) Nach dem Zeugnis des Grafen Beugnot war Cagliostro dicklich und von olivbrauner Hautfarbe, er hatte einen kurzen Hals und Glupschaugen. Sein Haar trug er in Form vieler kleiner Zöpfe, die im Nacken mit einer straffen Bandschleife, »Catogan« genannt, zusammengebunden waren. Im Salon der Gräfin de La Motte (und schon daß er in diesem Milieu verkehrte, ist verdächtig) erschien er in einem Rock nach französischer Mode, eisengrau mit vergoldeten Tressen, über einem scharlachfarbenen, mit spanischen Spitzen bestickten Hemd und roten Hosen, den Degen an der Seite unter dem Rockschoß und mit einer weißen Feder am Hut. Um seinen Aufzug noch prunkvoller zu gestalten, trug er Spitzenmanschetten, diverse Ringe und kostbare Spangen an den Schuhen, »geschmückt mit Edelsteinen, die zu stark glänzten, als daß man sie für feine Diamanten halten konnte«. Ganz anders Saint-Germain. Zwar trug auch er Diamanten an den Fingern, aber das war die Mode der Zeit, und er hatte Cardano gelesen; zum Ausgleich hatte er, wie ihn Madame du Hausset anläßlich seines Besuches bei der Pompadour (nicht bei der La Motte) beschreibt, »einen feinen, geistvollen Ausdruck und war sehr einfach, aber geschmackvoll gekleidet«. Er trug Uhren und Tabatieren von exquisiter Machart, er malte in Öl und komponierte sehr schöne Lieder auf Texte schottischer und italienischer Dichter. Mademoiselle du Crest berichtet, er sei ein exzellenter Musiker gewesen. »Er begleitete alles, was er sang, auf dem Cembalo, ohne Noten und mit einer seltenen Perfektion.«

5.) Schließlich war Saint-Germain, wie wir wissen, unsterblich, und Cagliostro nicht – in San Leo weiß man das besser als anderswo. Man beachte jedoch, daß Saint-Germain die Legende seiner Unsterblichkeit nicht verbreitete, sondern sich damit begnügte, sie nicht zu dementieren: »Zuweilen amüsiere ich mich damit, nicht glauben zu machen, aber glauben zu lassen, ich hätte in fernsten Zeiten gelebt.« Hören wir, was Madame du Hausset, die Erste Kammerfrau der Madame de Pompadour, darüber zu berichten hat:

Es hatte sich das Gerücht verbreitet, daß der Betreffende, obgleich er das Aussehen eines Mannes in der Blüte seiner Jahre hatte, in Wirklichkeit ein jahrhundertealter Greis sei, und Madame de Pompadour, der das Gerede zu Ohren gekommen war, machte ihm gegenüber die Bemerkung: »Also verraten Sie Ihr Alter nicht und lassen uns glauben, daß Sie uralt seien. Die Gräfin de Gergy, die vor fünfzig Jahren, glaube ich, Botschafterin in Venedig war, sagt, sie hätte Sie so gekannt, wie Sie heute aussehen.« – »Das ist wahr, Madame, ich habe die Gräfin vor langer Zeit gekannt.« – »Aber nach dem, was Sie sagen, müßten Sie jetzt mehr als hundert Jahre alt sein!« – »Das ist nicht unmöglich«, sagte er lachend, »aber ich gebe zu, es ist noch eher möglich, daß jene Dame, die ich achte, irreredet.« – »Sie haben ihr, sagt sie, ein Elixier mit erstaunlichen Wirkungen gegeben; sie behauptet, sie habe lange das Aussehen einer Vierundzwanzigjährigen gehabt. Warum geben Sie nicht auch dem König davon?« – »Ah, Madame!« sagte er mit einem gewissen Erschrecken. »Ich müßte toll sein, mich zu erkühnen, dem König eine unbekannte Droge zu geben!«

Aufs Ganze gesehen erzielt der Graf von Saint-Germain seine Erfolge eher durch seine Reserviertheit als durch seine ostentativen Auftritte. Den Rest besorgt das Gerücht. Im *Dictionaire Infernal* von Collin de Plancy (Paris 1844, S. 434) heißt es:

Als er einmal erzählte, daß er Pontius Pilatus in Jerusalem gut gekannt habe, beschrieb er minuziös das Haus des Statthalters und nannte die Speisen, die serviert worden seien, als er eines Abends mit ihm diniert habe. Der Kardinal de Rohan, der Phantasiegespinste zu hören meinte, wandte sich an den Kammerdiener des Grafen von Saint-Germain, einen Alten mit weißem Haar und ehrlicher Miene: »Mein Freund«, sagte er, »es fällt mir schwer zu glauben, was Euer Herr da erzählt. Daß er ein Bauchredner sei, meinetwegen; daß er Gold mache, wohlan; aber daß er zweitausend Jahre alt sein und Pontius Pilatus gekannt haben soll, das ist zuviel. Wart Ihr dabei?« – »O nein, Monseigneur«, antwortete treuherzig der Kammerdiener, »ich bin erst seit vierhundert Jahren im Dienst des Herrn Grafen.«

Auch über Cagliostro wird einmal etwas von seiner Teilnahme an der Hochzeit zu Kana und seiner Geburt vor der Sintflut gemunkelt (Collin de Plancy), aber es gerinnt nicht zu einer Legende. Erst nach seinem Tod heißt es, er habe den Priester erwürgt, der ihm die Beichte abnehmen wollte, und sei dann nach geglückter Flucht unsterblich geworden. Aber nur ein Wirrkopf wie Eliphas Levi (*Histoire de la magie*) gibt dem Gerücht ein Minimum an Kredit und deutet an, er habe sich nach Amerika begeben, wenigstens für das ganze Jahr 1860. Wenn wir bei der Historie bleiben, ist Saint-Germain in seinem Bett gestorben, Cagliostro nicht.

Selten sind zwei Personen so verschieden gewesen. Und doch werden sie bald als Paar gesehen; sie ziehen einander magnetisch an und gehen ineinander über. Man könnte viele Quellen dafür zitieren, ich halte mich an eine der bedeutendsten: an den Gérard de Nerval der *Illuminés* von 1852:

Diese beiden Personen waren die berühmtesten Kabbalisten am Ende des 18. Jahrhunderts. Der erste, der am Hofe Ludwigs XV. hervortrat und dort dank der Protektion durch Madame de Pompadour einen gewissen Kredit genoß, hatte – nach Auskunft der zeitgenössischen Memorien – weder die Schamlosigkeit, die einem Scharlatan nachgesagt wird, noch die Eloquenz, die ein Fanatiker braucht, noch den Charme, der die Oberflächlichen verführt. Er beschäftigte sich vor allem mit Alchimie, doch er vernachlässigte auch nicht die verschiedenen Zweige der Wissenschaft. Er zeigte Ludwig XV. das Schicksal seiner Kinder in einem magischen Spiegel, und der König wich entsetzt zurück, als er das Bild des Dauphin ohne Kopf erblickte. Saint-Germain und Cagliostro waren sich in Deutschland begegnet, im Holsteinischen, und es war – heißt es – der erstere, der den anderen initiierte und die mystischen Stufen erklimmen ließ. Zur Zeit seiner Initiation beobachtete Cagliostro persönlich den berühmten Spiegel, der zur Beschwörung der Seelen diente.

Die vielleicht erste Nachricht von dieser »historischen« Begegnung erscheint bei einem Autor, der Interesse daran hat, sie in seine Verschwörungstheorie einzufügen. Ich spreche vom Marquis de Luchet und seinen *Mémoires authentiques pour servir à l'Histoire du Comte de Cagliostro* (Berlin 1785). Ihm zufolge haben Cagliostro und seine Gattin auf Durchreise in Deutschland um eine Audienz bei dem göttlichen Saint-Germain nachgesucht und sich zu diesem Zweck in lange weiße Hemden gekleidet.

Plötzlich öffneten sich zwei große Türen, und ein von tausend Kerzen schimmernder Tempel blendete ihre Blicke. Auf einem Altar saß der Graf; zu seinen Füßen schwenkten zwei Ministranten goldene Weihrauchfäßchen, aus denen süße Düfte aufstiegen. Der Gott trug eine diamantene Platte auf der Brust, deren Funkeln kaum zu ertragen war. Eine große alabasterweiße Gestalt hielt eine Schale in den Händen, auf der geschrieben stand: »Elixier der Unsterblichkeit«; unweit davon erhob sich ein riesiger Spiegel, vor welchem eine majestätische Gestalt auf und ab ging, und über dem Spiegel stand geschrieben: »Depot der umherirrenden Seelen«.

Vermutlich mit Bauchrednerstimme fragt Saint-Germain liturgisch, woher die beiden kämen, wer sie seien und was sie wollten. Und als Cagliostro gebührend geantwortet hat, sie seien gekommen, den Vater der Wahrheit zu befragen, um eines der vierzehntausendundsieben Geheimnisse zu erfahren, die er im Busen trage, werden er und seine Gattin zu einigen Initiationsprüfungen zugelassen, wonach sie die geheime Offenbarung empfangen:

So wisset denn, das große Geheimnis unserer Kunst ist, wie man die Menschen regiert, und die einzige Möglichkeit dazu ist, ihnen niemals die Wahrheit zu sagen. Haltet euch nicht an die Regeln des gesunden Menschenverstandes; mißtraut der Vernunft und präsentiert mutig die unglaublichsten Absurditäten. Wenn ihr spürt, daß diese großen Prinzipien an Kraft verlieren, zieht euch zurück, sammelt euch in Meditation und zieht durch die Welt; dann werdet ihr sehen, daß die absurdesten Verschrobenheiten zu Objekten des Kultes werden. [...] Das Grabmal des heiligen Medardus hat den Schatten des heiligen Petrus ersetzt, der Waschzuber Mesmers das Schwimmbassin des nazarenischen Philosophen; erinnert euch, daß die erste Triebfeder der Natur, der Politik und der Gesellschaft stets die Reproduktion ist und daß es die Chimäre der Sterblichen ist, unsterblich zu sein, die Zukunft zu wissen, auch wenn sie die Gegenwart nicht kennen, und geistig zu sein, obwohl sie und alles, was sie umgibt, doch nur Materie sind.

Wenn also die beiden nicht umhinkonnten, sich zu begegnen, zumindest in der Legende, was gewinnt und verliert dann jeder bei dieser Interaktion? Saint-Germain cagliostrisiert sich, er handelt theatralisch wie irgendein Adept des Ägyptischen Ritus, er singt nicht mehr seine hübschen Lieder, sondern scheint die *Zauberflöte* zu inszenieren, und schließlich spricht er oder läßt zu einem seiner Seelenführer machiavellische Worte sprechen, die – siehe da – ein Jahrhundert später den sogenannten Weisen von Zion der berüchtigten gleichnamigen *Protokolle* in den Mund gelegt werden (im übrigen ist die Linie

Luchet-Barruel-*Protokolle* gut belegt). Guaïta berichtet (*Temple*, S. 300):

Zahlreiche außerordentliche Personen zogen in geheimer Mission durch ganz Europa und verbreiteten Unruhe in den Hauptstädten; dann verlagerten fast alle ihre enigmatische Magnifizenz und ihre verdächtige Popularität nach Paris. Der Graf von Saint-Germain und Giuseppe Balsamo (später Graf Cagliostro) verdienen als erste Erwähnung. Beide als Botschafter, so Cadet de Gassicourt, oder wenn man will als internationale Missionare, hatten insbesondere den Auftrag, ein stabiles Verhältnis zwischen den verschiedenen Kapiteln zu etablieren: Saint-Germain war der Gesandte von Paris, Cagliostro der von Neapel.

Nach Saint-Germains Tod nennt ihn die *Berlinische Monatsschrift* vom Januar 1785 »eine würdige Replik des verstorbenen Grafen Cagliostro« (kurioserweise läßt der Artikelschreiber den armen Cagliostro mehr als sechs Monate zu früh verstorben sein). In dem anonymen Werk *La Loque noire* (Paris 1889) erklärt der Gründer der gnostischen Kirche Jean Kotska, wobei er Saint-Germain mit Dumas' Cagliostro verwechselt:

Der Graf von Saint-Germain beherrscht den Okkultismus des ausgehenden 18. Jahrhunderts. Er tritt auf die Bühne, und alles, was der Kirche und der Monarchie feindlich gesonnen ist, gruppiert sich um ihn. Die Logen vervielfachen sich. Es wimmelt von Illuminaten. Mesmer, Saint-Martin, Puységur, Cagliostro, Weishaupt, Cazotte sind ebenso viele schwarze Sterne, die sich um diese höllische Sonne drehen. Er gibt der

Freimaurerei die Losung, er reguliert die Rituale, er inspiriert die Aufnahmefeiern, er organisiert weibliche Logen, er reiht den Adel in die Werkstätten Hirams ein. Aber vor allem bereitet er die Revolution vor, besucht den alten Voltaire, hilft Jean-Jacques Rousseau, dirigiert Naigeon und Diderot, stiehlt sich in die Salons und bläst ihnen den Geist der Wollust und der Verleumdung ein, schleicht sich bei Hofe ein und erprobt dort seine Verführungen aller und jeder, ja, er dringt sogar bis zur Königin vor und rät ihr zu jener harmlosen Frivolität, die ihr so schicksalhaft werden sollte.

Und Cagliostro? Ihm bringt die Begegnung zwei fragwürdige Gewinne ein. Er kommt in den Ruf, ein Schüler Saint-Germains zu sein, und der Klassenunterschied ist wieder bestätigt. Vor allem aber empfängt er – mit der Zeit, wie wir gesehen haben – einen Abglanz seiner Unsterblichkeit, vielleicht, wer weiß, die Lust, von ihr zu sprechen, mit ihr zu spielen, und die Irritation, nicht ernst genommen zu werden – was statt dessen dem anderen widerfährt. Auch wenn diese unheilvolle Begegnung nicht stattgefunden hat, konnte die öffentliche Meinung nicht umhin, die beiden als ein Paar zu betrachten, und natürlich kannte Cagliostro die Legende von Saint-Germain, die in den Städten umging, durch die er kam. Die Anwesenheit Saint-Germains – oder seine spröde Abwesenheit – muß ihn sein ganzes Leben lang obsessiv verfolgt haben.

Mir gefällt der Gedanke, daß er in der Zelle von San Leo, als er den Tod nahen fühlte, ihn als Befreiung von der schrecklichen Bürde des unendlichen Lebens begrüßte, zu dem Saint-Germain verurteilt war. Und daß er sich im stillen die Worte sagte, die Saint-Germain in Giovanni Papinis *Gog* sagt, als er den Titelhelden eines Nachts auf dem Deck eines Überseedampfers bei der Fahrt übers Rote Meer trifft:

»Glauben Sie nicht, daß unser Los zu beneiden wäre. In meiner Legende heißt es, ich hätte Pilatus gekannt und der Kreuzigung beigewohnt. Das ist eine dumme Lüge. Ich habe mich nie mit unwahren Dingen gebrüstet. Erst vor einigen Monaten habe ich mein fünfhundertstes Lebensjahr überschritten. Das heißt, ich bin im frühen 15. Jahrhundert geboren und gerade noch rechtzeitig gekommen, um Christoph Columbus kennenzulernen. Ich habe das Antlitz der Welt sich wandeln gesehen; ich habe im Laufe eines einzigen Lebens Luther und Napoleon, Ludwig XIV. und Bismarck, Leonardo und Beethoven, Michelangelo und Goethe begegnen können. Und vielleicht habe ich mich deshalb vom Aberglauben an die großen Männer befreit. Aber diese Vorteile habe ich teuer bezahlen müssen. Nach ein paar Jahrhunderten ergreift ein unheilbarer Überdruß von uns unseligen Unsterblichen Besitz. Die Welt ist monoton, die Menschen lernen nichts und verfallen in jeder Generation wieder in dieselben Fehler und Greuel, die Geschehnisse wiederholen sich nicht, aber sie ähneln einander; was es zu wissen gab, hat man lange genug Zeit gehabt zu lernen: es gibt keine Neuheiten mehr, keine Überraschungen, keine Offenbarungen. Ich kann Ihnen gestehen, jetzt, da nur das Rote Meer uns zuhört: meine Unsterblichkeit hängt mir zum Halse heraus. Die Erde hat für mich keine Geheimnisse mehr, und ich habe keine Hoffnung mehr in meinesgleichen. Und gern wiederhole ich die Worte Hamlets, die ich zum ersten Male anno 1594 in London hörte: *Man delights not me – no, nor woman neither.*«

Der Graf von Saint-Germain kam mir auf einmal ermattet vor, als würde er von Moment zu Moment älter. Er verharrte eine Viertelstunde schweigend und betrachtete bald das dunkle Meer, bald den gestirnten Himmel.

»Entschuldigen Sie«, sagte er schließlich, »wenn meine Reden Sie gelangweilt haben. Wenn die Alten zu schwatzen anfangen, sind sie unerträglich.«

Achille Campanile
Das Komische als Verfremdung

Als Vortrag gehalten während der Turiner Buchmesse »Salone del libro«, Mai 1991.

Vielleicht war Campanile der erste Autor, den ich gelesen habe. Sein *Diario di un uomo amareggiato* [Tagebuch eines verbitterten Mannes[4]] erschien bereits in der Farbbeilage der *Gazzetta del Popolo*, als ich, des Lesens noch unkundig, mir lediglich die Geschichten von Pio Percopo und Isolina Marzabotto vorlesen ließ, aber die *Gazzetta* druckte es, soweit ich weiß, bis mindestens 1938, als ich schon seine Zeilen buchstabieren konnte, an die ich vage und unruhige Erinnerungen habe. Es war eine Zeit der Helden, in der niemand hätte verbittert sein dürfen, und ich wunderte mich, daß es jemanden gab, der nicht so glücklich war wie Enrico Toti, der, als er von einem feindlichen MG niedergemäht wurde, den Namen jenes Italien pries, das ihn mit nur einem Bein an die Front geschickt hatte.

Später habe ich über Campanile geschrieben, und wie alle, die in den letzten zwanzig Jahren über ihn geschrieben haben, bin ich dabei zu einer seiner Fi-

4 Keines der zahlreichen Bücher und Theaterstücke des in Italien sehr populären Humoristen Achille Campanile (1900-1977), den manche auch als einen Vorläufer des absurden Theaters betrachtet haben, ist bisher ins Deutsche übersetzt worden (*A. d. Ü.*).

guren geworden. Alle Interpreten Campaniles haben nämlich die kuriose Angewohnheit, ihre Ausführungen mit der Beteuerung zu beginnen, daß sie im Gegensatz zu allen anderen Interpreten in Campanile einen großen Schriftsteller sehen; diese seltsame Praxis begann schon 1927 mit Ravegnani, Pancrazi und dann Gargiulo, und sie hat sich bis heute fortgesetzt (zuletzt mit Del Buono in der Bompiani-Ausgabe der Werke 1924-1933). Oft sagen dann die Interpreten am Ende (wenn sie nicht wie Almansi sagen, daß er kein großer Schriftsteller, sondern ein irgendwie anderer Großer sei), daß dieser große Schriftsteller einige kleine Fehler habe – was genau das ist, was man immer von großen Schriftstellern sagt, denn *de parvis nihil nisi bonum.*

Und natürlich stimmt es, Campanile hat viele Schwächen: Er ist zu tadeln, wenn er der Versuchung zum »schönen« Schreiben nachgibt, weil er dann zu einem sterilen Neoklassizismus nach Art der *Crepuscolari* oder der *Rondisti*[5] neigt, er verwendet mehrfach dasselbe Material (die unten zitierte Szene mit dem Dienstmann kommt dreimal vor, zuerst in

5 Zwei literarische Bewegungen im vorfaschistischen Italien, die sich auf unterschiedliche Weise – die eine gegen den Heroismus D'Annunzios durch Betonung des Provinziellen, Häuslichen und Alltäglichen, die andere gegen den Futurismus Marinettis durch Rückbesinnung auf die klassischen Werte der Vormoderne – vom aufkommenden italienischen Nationalismus und Faschismus abzusetzen versuchten (*A. d. Ü.*).

einer *Fiera Letteraria* von 1925 und dann in zwei Romanen; manche Einfälle wandern schamlos von einem Text zum Text andern), er hat plötzliche Abstürze im Ton, und manchmal versteift er sich darauf, den Witz erklären zu wollen (in einer seiner *Tragedie in due parole* [Tragödien in zwei Worten] fühlt er sich verpflichtet, nach dem brillanten Einfall mit einem Elefanten, den es schaudert, weil er ein Huhn in der Suppe findet, erläuternd hinzuzufügen, Hühner seien die Fliegen der Elefanten). Bisweilen verleiten ihn die Anforderungen des Kontexts dazu – ihn, der so blitzschnell sein kann –, sich der Langsamkeit des vermuteten Lesers zu fügen; ich zitiere als typisch hierfür das Kurzkapitel »Paganini wiederholt nicht« aus *Gli asparagi e l'immortalità dell'anima* [Der Spargel und die Unsterblichkeit der Seele]:

Als Paganini nach einer letzten endlosen akrobatischen Arabeske rasender Töne die Sonate beendet hatte, brach im Salon des prächtigen Palastes zu Lucca ein Beifall los, der die wachstropfenden Kristallüster an der Decke erzittern ließ. Der Wundergeiger hatte wie immer sein Publikum in Begeisterung versetzt.
Als der Sturm sich gelegt hatte, Erfrischungen gereicht wurden und ringsum ein bewunderndes Schwatzen anhob, sagte mit ihrer Grabesstimme die Marchesa Zanoni, die in der ersten Reihe saß, triefend von venezianischen Spitzen rund um ihre goldgelbe Perücke, während sie den Virtuosen mit einem Lächeln fixierte, das verführerisch sein wollte zwischen den tausend Falten ihrer Greisinnenhaut:
»Da capo!«

In den engen Frack gezwängt, die Haarsträhnen über den Augen, verbeugte sich Paganini galant, lächelte der alten Dame zu und murmelte kaum hörbar:

»Es tut mir leid, Marchesa, Sie nicht zufriedenstellen zu können. Sie wissen vielleicht nicht, daß ich, um mich der Da-capo-Wünsche zu erwehren, die niemals enden würden, einen Grundsatz habe, von dem ich nie abgewichen bin und nie abweichen werde: Paganini wiederholt nicht.«

Die alte Dame hörte kein Wort. Mit einem bei ihr fast unbegreiflichen Enthusiasmus, denn sie war stocktaub, fuhr sie fort zu applaudieren und lauthals zu rufen, so daß sich ihre Halsmuskeln straff wie bei einer Schildkröte spannten:

»Da capo! Da capo!«

Paganini lächelte gerührt über soviel Enthusiasmus, ließ sich jedoch nicht bewegen. Er bedeutete der alten Dame durch ein bedauerndes Heben der Schultern und Hände, daß sie nicht weiter insistieren solle, und wiederholte mit höflicher Entschiedenheit:

»Paganini wiederholt nicht.«

»Wie?« fragte die alte Dame, die natürlich nichts verstanden hatte.

»Paganini«, wiederholte der große Geiger lauter, »wiederholt nicht.«

Die taube Alte hatte noch immer nichts verstanden. Sie glaubte, der Musiker habe eingewilligt, und richtete sich darauf ein, die Sonate von neuem zu hören. Als sie jedoch sah, daß der berühmte Virtuose sich anschickte, sein Instrument einzupacken, rief sie betrübt:

»Wie? Und das Da capo?«

»Ich habe Ihnen schon gesagt, Signora«, erwiderte Paganini, »Paganini wiederholt nicht.«

»Ich habe nicht verstanden«, sagte die Alte.

»Paganini wiederholt nicht«, schrie Paganini.

»Entschuldigen Sie«, sagte die Alte, »bei diesem Lärm kann man nichts verstehen. Sprechen Sie lauter.«
Der Geiger formte die Hände zu einem Trichter vor dem Mund und brüllte ihr fast ins Ohr:
»Paganini wiederholt nicht!«
Die Alte schüttelte den Kopf.
»Ich habe die letzten Worte nicht verstanden«, schrie sie, als ob er der Schwerhörige wäre.
»Wiederholt nicht! Wiederholt nicht! Paganini wiederholt nicht!« brüllte der Virtuose aus Leibeskräften.

Hier könnte es enden. Doch es geht noch eine volle Seite so weiter, bis Paganini sich schließlich entnervt an die Umstehenden wendet:

»Bitte, seien Sie so gut und sagen Sie's ihr... Ich habe es zwanzigmal wiederholt und wiederhole es nochmals: ICH WIEDERHOLE NICHT. Wie oft muß ich das denn noch wiederholen?«

Aber mit Beobachtungen dieser Art könnten wir den ganzen Balzac erledigen.

Ein weiterer Grund, warum Campaniles Interpreten so oft wie Figuren von Campanile erscheinen, ist, daß sie sich immer fragen, ob er ein *komischer* Schriftsteller oder einfach ein Schriftsteller ohne qualifizierendes Beiwort ist. Niemand hat sich je gefragt, ob Sophokles ein tragischer Schriftsteller oder einfach ein Schriftsteller war, und der Vergleich muß hier nicht gewagt erscheinen, wenn man bedenkt, daß sogar der große Formiggini es fertiggebracht hat, Rabelais in eine Buchreihe namens »Die Klassiker des Lachens« zu schmuggeln. Es scheint, daß nur Frauen manchmal bereit sind, sich von einem Mann allein dadurch betören zu lassen, daß er sie immer wieder zum Lachen bringt, während ein Mann von Kultur es niemals verzeihen kann, wenn jemand Sinn für Humor bekundet.

Das macht: wenn die Literaturtheorie noch nicht endgültig entschieden hat, was der Unterschied zwischen einem Schriftsteller und einem Schreiberling ist, und jede neue Epoche immer genau diejenigen als Schriftsteller feiert, die in der vorangegangenen als Schreiberlinge verdammt worden waren und umgekehrt, dann hat die Philosophie von Aristoteles bis Freud und Bergson noch viel größere Schwierigkeiten gehabt, das Komische und den Humor zu definieren. In einem gewissen Sinn hatte Croce recht: Das Komische gehört zur Sphäre der Gefühle (oder wenn man so will, zur Psychologie und zur Physiologie), und wenn man von ihm als einer literarischen Kategorie spricht, ist das ein Fall von »antimethodischer Theoriekonstruktion« (will sagen, man muß die Theorie gegen den Strich bürsten). Sicher lacht man aus tausend Gründen, von denen viele nur sehr bedingt lächerlich sind – die einen lachen aus reiner Vitalität, die anderen aus erotischer Lust und wieder andere, wie Beatrice, aufgrund beseligender Himmelsschau. Aber ebenso seufzt man aus tausend Gründen, vom Zahnweh bis zum Glück, und das enthebt die Ästhetik nicht der Aufgabe, sich mit dem Dramatischen und dem Tragischen zu befassen.

Die meisten Reflexionen über das Komische und das Lachen haben Schwierigkeiten beim Unterscheiden zwischen der Komik *im Leben* – wie als seinerzeit der italienische Staatspräsident Gronchi in einer Opernloge vom Stuhl fiel – und der Komik *im Text* – wie als dann eine Woche später in einer kabarettistischen Fernsehsendung Ugo Tognazzi vom Stuhl fiel und Vianello ihn fragte: »Für wen hältst du dich?«

Wenn man von der Komik im Leben zur Komik im Text übergeht, verläßt man die Sphäre des Physiologischen: Die Tatsache, daß man lacht, ist ein Zeichen dafür, daß ein bestimmter Mechanismus eingerastet ist, aber dieser Mechanismus produziert seine eigene Katharsis, denn wir sehen uns genötigt, uns zu fragen, wie und warum es dem betreffenden Text gelungen ist, uns zum Lachen zu bringen. Im Leben ist es natürlich, daß eine ins Gesicht geworfene Torte zum Lachen reizt, vorausgesetzt, sie platscht ins Gesicht eines anderen. Slapstickkomödien sind angenehme Surrogate des Lebens, so wie es die Seifenopern und die Pornofilme sind – und Surrogate sind sie deshalb, weil wir es in Wirklichkeit vorziehen würden, unseren Widersachern die Torte real ins Gesicht zu werfen, oder weil wir selber gerne die Protagonisten jener wunderbaren Liebesnacht unter den Sternen oder jener Penetration *more ferino* wären. Doch in den Filmen von Stan und Ollie ist es nicht die Torte im Gesicht, die uns entzückt, sondern die Pause zwischen der Provokation und der Reaktion, die langen Sekunden, in denen Ollie sich die Schlagsahne vom Gesicht wischt, und die Langsamkeit, mit der er dann seine Torte dem Gesicht des dicken Stan näher bringt, der wartend dasteht und sich als einziger nichts von seiner unmittelbaren Zukunft träumen läßt. Eine Frage des Timing, nicht der Torte.

Campanile bietet uns viele Beispiele für solche Komik im Text. So etwa, in *Giovinotti, non esageriamo!* [Kinder, übertreiben wir nicht!], die Szene mit dem Fußtritt in den Allerwertesten des orientalischen Herrn:

»Sehen Sie dort«, sagte der kleine Alte, »dieses beinahe unsichtbare Wölkchen in Richtung meines Fingers?«
Der Orientale drehte sich langsam in die angegebene Richtung, und während er nach dem unwetterkündenden Wölkchen spähte, traf ihn ein Fußtritt in den Allerwertesten. Er fuhr herum, und da er dachte, es sei Fagiolino gewesen, versetzte er ihm eine Ohrfeige.
»Was habe ich damit zu tun?« rief der Dichter, der sich ein solches Verhalten von einer so distinguierten Person nicht erwartet hätte.
Abdallah sah den kleinen Alten feixen und rief entrüstet:
»Was sind denn das für Scherze?«
»Euer Gnaden mögen verzeihen«, sagte der andere, »ich habe mir erlaubt, den Scherz mit dem Wölkchen zu machen. Das ist ein Scherz, der auf hoher See sehr beliebt ist und darin be-

steht, einen Freund unter dem Vorwand, es gebe ein beinahe unsichtbares Wölkchen zu sehen, dazu zu bringen, daß er sich umdreht, um ihm dann, wenn er einem den Rücken zukehrt, einen Fußtritt zu geben.«

»Das ist ja ein reizender Scherz!« murmelte der Sohn des Mesrut Bey. »Ich werde ihn bei der ersten Gelegenheit ausprobieren. Da kommt gerade jemand. Gleich werden wir uns amüsieren.«

Tatsächlich erschien in dem Augenblick gerade Samuel Tackleton auf der Brücke.

»Sehen Sie dort das beinahe unsichtbare Wölkchen?« fragte ihn der Sohn des Haremswächters.

»Ich bin ein bißchen kurzsichtig«, antwortete der unfreiwillige Wettgeher. »Geben Sie mir bitte ein Fernglas.«

Abdallah drehte sich zum Kapitän, um ein Fernglas von ihm zu erbitten, als ihn ein Fußtritt in den Allerwertesten traf, begleitet von einem schallenden Lachen. Er sah den Wettgeher an, runzelte seine buschigen Brauen und sagte:

»Hören Sie, es gibt nur *einen* Grund, warum ich Sie nicht erwürge.«

»Welchen« fragte der Wettgeher.

»Diesen: Sie könnten mein Vater sein. Aber damit niemand glaubt, ich sei einer, den man ungestraft beleidigen kann: Hier, sehen Sie!«

Er holte aus und versetzte Fagiolino eine weitere schallende Ohrfeige, worüber dieser sich höchlichst verwunderte, denn er hatte das subtile Räsonnement des Orientalen nicht verfolgt.

»Ich bitte Sie!« sagte Tackleton. »Sehe ich so aus, als ob ich Ihr Vater sein könnte? Im übrigen verstehe ich gar nicht, warum Sie sich so aufregen. Ich habe doch nur einen Scherz gemacht: den Scherz mit dem Fernglas, der sehr beliebt ist bei alten Seewölfen.«

»Reizend!« sagte der Orientale.

Und als er den angeblichen Onkel Francesco auftauchen sah, den Mann, der Bierkrüge magnetisierte, zwinkerte er den Umstehenden zu und fragte ihn:

»Hätten Sie zufällig ein Fernglas?«

»Da ist eins in der Luke, gleich hinter Ihnen«, antwortete der rotgesichtige Alte.

Abdallah drehte sich zu der Luke um, als ihn ein Fußtritt ins Kreuz blitzartig herumfahren ließ.

»Es hat geklappt!« frohlockte der Alte und klatschte in die Hände.

»Oh, das ist zuviel!« rief der Orientale außer sich und fixierte den Alten böse. »Aus Rücksicht auf Ihr Alter werde ich Sie nicht ohrfeigen, aber damit niemand meint, ich hätte aus Feigheit nichts unternommen, werde ich dem Herrn, der mir hier der jüngste und kräftigste zu sein scheint, eine verpassen.«

Sprach's und versetzte Fagiolino eine Ohrfeige.

»Aber das sind doch Sophismen!« protestierte der Dichter.

»Aus Rücksicht auf mein Alter?« rief der Bierkrugmagnetiseur empört. »Dieser ungehobelte Kerl nennt mich alt, dieser Zwerg?! Ich zahl's ihm nur deshalb nicht heim, weil ich die Gastfreundschaft respektiere. Aber damit niemand glaubt, ich wäre ein Feigling: Hier, bitte sehr, Sie alle sind Zeugen.«

Sprach's und gab Fagiolino eine Ohrfeige.

»Ach ja?« erwiderte Abdallah. »Sie meinen wohl, Sie können mir angst machen, indem Sie mir Ihre Stärke zeigen? Dann sehen Sie mal meine!«

»Jetzt bin ich dran«, murmelte Fagiolino.

Er hatte den Satz noch nicht beendet, da traf ihn eine Maulschelle mitten ins Gesicht. Daraufhin versuchte er, zwischen den Streithähnen Frieden zu stiften.

»Aber nicht doch, meine Herren«, sagte er, »hören Sie auf, machen Sie Frieden. Bieten Sie uns doch kein so unerfreuliches Schauspiel!«

Wie so oft erging es dem Friedenstifter am übelsten.

»Was geht Sie das an?« riefen die beiden Streithähne.
Und wütend prügelten sie auf ihn ein.
Man soll sich eben nie in die Streitigkeiten anderer Leute ein-
mischen.

Ein überraschender Fußtritt von hinten und ein di-
stinguierter Pascha, das ist Komik im Leben. Die Art
und Weise, das immergleiche Ereignis zu variieren
und den Sündenbock Fagiolino einzuführen, das ist
Komik im Text – und an ihr bewundern wir nicht die
Animalisierungs- oder Mechanisierungsprozesse der
Protagonisten, wie es im Leben geschähe, sondern
den Rhythmus, das Timing ihrer Darstellung.

Aber die Katharsis wird erst komplett, wenn man
von der Komik *im* Text zur Komik *des* Textes übergeht. In diesem Fall ist es nicht einmal nötig, daß der
Text ein komisches Ereignis darstellt. Der Text kann
selber komisch sein, er kann von sich aus zum Lachen reizen.

Kehren wir noch einmal zu der Geschichte mit
Paganini zurück. Wenn man es genau bedenkt, kann
man geloben, niemals eine musikalische Darbietung
zu wiederholen, ohne damit zu geloben, niemals
die sprachliche Aussage zu wiederholen, daß man
niemals eine musikalische Darbietung wiederholen
werde. Bertrand Russell hätte von einer »Theorie der
Typen« gesprochen und gesagt, daß Paganini sich
durchaus logisch verhält, denn es gibt einen Unterschied zwischen Objektsprache und Metasprache.

Allerdings ist es zweifelhaft, worüber wir in dem

betreffenden Textstück lachen: über die Widersprüche zwischen Sprache und Metasprache, aus denen der Text sich zusammensetzt, indem er sein eigenes Scheitern ausstellt, oder über die Tatsache, daß wir in der Zwiespältigkeit dieses Textes unsere eigene Zwiespältigkeit als Benutzer einer Sprache erkennen, die nie zu entscheiden vermag, ob sie nun »meta« ist oder nicht. Campanile inszeniert mit Paganini das, was mit uns selbst geschieht, wenn wir uns in den Schlingen der Sprache, von der wir gesprochen werden, verfangen. Wir merken es nicht, aber wir lachen – oder lächeln – über uns selbst.

Damit hört Campanile auf, Komiker zu sein, und wird Humorist, jedenfalls nach der Definition Pirandellos.

Für Pirandello haben wir das, was er das Komische nennt, wenn es zu einem *avvertimento del contrario*, einem »Bemerken des Gegenteils« kommt.

In diesem Sinne folgt er den klassischen Theorien des Komischen. Für Aristoteles ist das Komische etwas Fehlerhaftes, das sich ereignet, wenn in einer Abfolge von Begebenheiten ein Ereignis geschieht, das die gewohnte Ordnung der Dinge entstellt. Für Kant wird das Lachen durch eine absurde Situation ausgelöst, die eine gespannte Erwartung zunichte macht. Um jedoch über diesen »Irrtum« lachen zu können, muß auch gewährleistet sein, daß er uns nicht betrifft oder involviert; und daß wir uns angesichts des Irrtums eines anderen überlegen fühlen (wir, die wir diesen Irrtum *nicht* begehen). Für Hegel ist das Wesentliche am Komischen, daß der Lachende sich seiner eigenen Wahrheit so sicher ist, daß er überlegen auf die Widersprüche der anderen hinabsehen kann. Diese Sicherheit, die uns über das Unglück eines Schwächeren lachen läßt, ist natürlich teuflisch.

Pirandello gibt das Beispiel einer gebrechlichen alten Dame, die sich auf jung schminkt, die Haare färbt und wie ein junges Mädchen kleidet. Er sagt: »Ich *bemerke*, daß diese alte Dame das Gegenteil dessen ist, was eine ehrwürdige alte Dame sein sollte.« Das ist der Zwischenfall, der Bruch der normalen Erwartungen und das Überlegenheitsgefühl, in dem ich (der ich den Irrtum der anderen Person begreife) lache.

Nun kann aber, sagt Pirandello, dieses Bemerken des Gegenteils zu einem »Empfinden des Gegenteils« [*sentimento del contrario*] werden. Die Reflexion vollführt einen neuen Prozeß: Sie versucht die Gründe zu verstehen, aus denen die Alte sich so zurechtmacht in der vergeblichen Hoffnung, die verlorene Jugend zurückzugewinnen. Die andere Person ist nicht mehr getrennt von mir, ich versuche mich in sie hineinzuversetzen.

Doch indem ich das tue, verliere ich meine Überlegenheit, da ich nun denke, daß auch ich die andere Person sein könnte. Mein Lachen vermischt sich mit meinem Mitgefühl, es wird zu einem Lächeln.

Ich bin vom Komischen zum Humoristischen übergegangen. Pirandello sieht sehr klar, daß man, um vom Komischen zum Humoristischen überzugehen, *auf die Distanz und die Überlegenheit* – die klassischen Merkmale des Komischen – *verzichten muß*.

Das schönste Beispiel ist das von Cervantes: Alles, was Don Quijote tut, ist komisch. Aber Cervantes beschränkt sich nicht darauf, über einen Narren zu lachen, der eine Windmühle für einen Riesen hält. Cervantes gibt zu verstehen, daß er selber Don Quijote sein könnte – ja selber *ist*. Wie Don Quijote gegen die Windmühlenflügel hat er gegen die Türken gekämpft, im Glauben an ein Ideal, an dem er nun zweifelt, er hat dabei eine Hand und die Freiheit verloren und keinen Ruhm geerntet. Deshalb ist *Don Quijote* ein großer humoristischer Roman.

Wenn das Komische den Menschen zum Tier macht, kann der Humor(ismus) auch das Tier vermenschlichen beziehungsweise uns dazu bringen, über das Tier zu lächeln oder zu weinen, als ob wir selber das Tier wären. Nehmen wir zum Beispiel die glänzende Geschichte mit dem Tintenfisch in *Agosto, moglie mia non ti conosco* [August, meine Frau, ich kenne dich nicht]:

Eine unaufhörliche bunte Menge strömte langsam in das Etablissement, ausgerüstet mit Taschen, Gummibällen und anderen zum Baden gehörigen Utensilien. Man hätte gesagt, die Gläubigen einer mysteriösen Gottheit beträten den Tempel.

Die barfüßigen Bademeister liefen, um die Kabinen zu öff-
nen und die gemieteten Ruder- und Tretboote ins Wasser zu
schieben.

Nahe dem Eingang drosch ein Fischer immer wieder mit un-
gewöhnlicher Heftigkeit einen soeben gefangenen und noch
lebendigen Tintenfisch auf die steinerne Brüstung. Wie man
weiß, werden mit dieser Methode die Polypen getötet.

»Was für ein barbarischer Brauch!« rief Suares, der gerade mit
seinen Freunden hereinkam.

»Er würde Ihnen noch barbarischer vorkommen«, sagte ein
Stammgast des Etablissements, »wenn Sie wüßten, daß dieser
Tintenfisch immer derselbe ist: Er wird jeden Tag lebendig
gefangen und eine Zeitlang vor den Augen der Badegäste auf
die Steine gedroschen.«

»Wie soll ich das verstehen?« fragte unser Freund.

»Nun, Sie wissen doch«, erklärte der andere, »daß niemand
sich zum Fischessen in ein Etablissement begibt, in dem nicht
wenigstens ein Tintenfisch vor den Augen der Gäste getötet
wird. Hier nun hat die Direktion beschlossen, da man nicht
jeden Tag einen neuen Tintenfisch fangen kann, einfach immer denselben zu nehmen: Nachdem er eine Zeitlang auf die
Steine gedroschen worden ist und bevor er seinen letzten
Seufzer tut, wird er wieder ins Meer geworfen, und zwar in
einem abgesperrten Teil, wo man ihn leicht wieder einfangen
kann, wenn man ihn wieder braucht.«

Es stimmte. Das arme Tier mußte, als ob das allmorgendliche
Auf-die-Brüstungsmauer-Gedroschenwerden nicht genügte,
sich noch oft im Laufe des Tages schmerzliche Extrabehand-
lungen gefallen lassen. Sobald jemand kam und frischen, vor
seinen Augen gefangenen Fisch zu essen begehrte, wurde der
Tintenfisch aus dem Wasser gezogen und ein paar Minuten
lang auf die kleine Brüstungsmauer gedroschen. Dann, nachdem er in der Küche durch einen aus Mailand eingetroffenen
Polypen ersetzt worden war, wurde er wieder ins Wasser ge-

worfen, um bei der nächsten Gelegenheit von neuem zu dienen. Inzwischen hörte der Ärmste es schon an den Stimmen, wenn der Moment gekommen war, wieder gefangen und gedroschen zu werden. In der ersten Zeit murmelte er, wenn er den Ruf »He, kann man hier frischen Fisch essen?« hörte: »Jetzt geht's wieder los« und machte sich so klein, wie er konnte, indem er sich ganz flach auf den Grund legte. Doch es war alles vergeblich: Bald wurde er entdeckt, ans Licht gezogen und zur Zufriedenheit des Kunden auf die Brüstungsmauer gedroschen. Alsdann, um die bangen Momente des Wartens abzukürzen, ging der Ärmste dazu über, sobald er die Frage nach frischem Fisch hörte, freiwillig an die Oberfläche zu kommen und sich mit bewundernswerter Entsagung in die Nähe der Brüstungsmauer zu begeben. Inzwischen war der arme Polyp schon ganz hart geworden und wünschte sich nur noch, mit seinem elenden Dasein endlich Schluß zu machen. Dabei gebrach es ihm eigentlich an nichts. Ja, um ihn am Leben zu erhalten, versorgte ihn die Direktion großzügig mit guten Happen und Bequemlichkeiten aller Art. Aber dieses andauernde barbarische Auf-die-Brüstungsmauer-Gedroschenwerden ließ alles andere in den Hintergrund treten. Jeden Morgen sagte er sich: »Hoffen wir, daß es heute das letzte Mal ist.« Aber wenn er dann nach harter Prüfung erneut im Meer und nicht in der Pfanne gelandet war, dachte er mit Schaudern: »Und morgen noch mal das Ganze von vorn!« Manchmal spielte er nach dem Gedroschenwerden den Zerstreuten und machte sich still und heimlich auf den Weg in die Küche. Aber der Fischer packte ihn jedesmal rechtzeitig, um ihn ins Meer zurückzubefördern.

Wir sind jedoch nur deshalb bewegt, weil der Tintenfisch wie eine Romanfigur spricht. Die Kunst Campaniles (jedenfalls in ihren besten und denkwürdigsten Fällen) gründet sich stets auf die Komik des Textes, der über sich selbst zum Lachen reizt und dadurch bewirkt, daß wir über unsere Erlebnisse als sprechende Tiere lächeln. Dabei streift er bisweilen Gipfel, um deren Erklimmen sich Semiotik und Sprachphilosophie seit Jahrhunderten bemühen, wie das Problem der deiktischen und kontextuellen Komponente der Sprache. Aus *Giovanotti, non esageriamo*:

»Derselbe Satz kann, wenn er in England gesprochen wird, etwas anderes bedeuten, als wenn er in Amerika gesprochen wird.«
»Du willst mich verkohlen!«
»Ich schwör's dir. Der Satz ›Ich bin hier‹ bedeutet, wenn er in England gesprochen wird: ›Ich bin in England‹, und wenn er in Amerika gesprochen wird: ›Ich bin in Amerika‹.«
»Sehr merkwürdig!«

Das Wesen der Komik Campaniles versteht man erst heute besser, nämlich im Licht der zahlreichen Forschungen über die Pragmatik der Kommunikation als einer auf das Implizite oder Unausgesprochene gegründeten Strategie, die eine wechselseitige Kooperation der Sprechenden erfordert.[6] Die einschlä-

6 Über diesen Aspekt verbreitet sich eine Schülerin von mir, Carla Paletta, in ihrem Aufsatz »Ma cos'è questo topic?«, *VS*, September 1982, der Teil einer breiter angelegten Dissertation über Campanile ist.

gigen Forscher nennen als Beispiel für mangelnde Kooperation angesichts einer unausgesprochenen Bitte den Dialog: »Wissen Sie, wie spät es ist? – Ja.« Campanile setzt in seinen *Tragedie* einen ähnlichen Dialog in Szene:

»Gestatten, ich bin Herr Pericle Fischetti. Und Sie?«
»Ich nicht.«

Ein glänzendes Beispiel für mangelnde Kooperation dieser Art steht in *Agosto, moglie mia non ti conosco*:

Gedeone gestikulierte wild in Richtung einer Kutsche, die am Ende der Straße stand. Der alte Kutscher stieg mühsam vom Bock, kam eilfertig zu Fuß zu unseren Freunden herüber und sagte:
»Was kann ich für Sie tun?«
»Aber nein«, rief Gedeone ungeduldig, »ich will die Kutsche!«
»Oh«, machte der Kutscher enttäuscht, »ich dachte, Sie wollten mich.«
Er ging zurück, stieg wieder auf den Bock und fragte Gedeone, der mit Andrea im Wagen Platz genommen hatte:
»Wohin soll's gehen?«
Das Pferd spitzte mit verständlichem Bangen die Ohren.
»Das kann ich Ihnen nicht sagen«, rief Gedeone, der die Expedition geheimhalten wollte.
Der Kutscher, der nicht neugierig war, fragte nicht weiter. Alle blieben ein paar Minuten sitzen und betrachteten das Panorama, ohne sich zu rühren. Schließlich platzte es aus Gedeone heraus: »Zum Castello di Fiorenzina«, was das Pferd aufschrecken und den Kutscher sagen ließ:

»Zu dieser Tageszeit? Wir werden bei Nacht ankommen!«

»Stimmt«, murmelte Gedeone, »wir fahren lieber morgen früh. Kommen Sie uns pünktlich um sieben abholen.«

»Mit der Kutsche?« fragte der Kutscher.

Gedeone überlegte einen Moment. Schließlich sagte er:

»Ja, das wird besser sein.«

Als er schon auf dem Rückweg zur Pension war, drehte er sich noch einmal um und rief dem Kutscher zu:

»He, nicht vergessen: Auch mit dem Pferd!«

»Ach ja?« sagte der andere überrascht. »Nun, ganz wie Sie wünschen.«

In *Se la luna mi porta fortuna* [Wenn der Mond mir Glück bringt] wird der Protagonist Raggio del Sole von Selbstmordgedanken gepackt und geht aus dem Haus, »entschlossen, an einem einzigen Tag sein ganzes Erbe auf den Kopf zu hauen. Um diesen Vorsatz auszuführen, der einen Pierpont Morgan erschreckt hätte, kaufte er sich ein Brötchen, legte seine gesamte Habe in die Hände eines Metzgers und sagte, er solle ihm dafür soviel geben, wie er könne. Nachdem er vier Scheiben Salami bekommen hatte, begab er sich in den Stadtpark...«

Warum sollten wir lachen? Waren vielleicht die paar Lire nicht wirklich das ganze Erbe des Selbstmordkandidaten? Ist es vielleicht, weil man den Ausdruck »sein ganzes Erbe auf den Kopf hauen« nur dann gebraucht, wenn es sich um große Summen handelt? Aber hier sind wir beim Paradox des Sorites: Wann hört ein Haufen Getreidekörner auf, ein Haufen zu sein? Wenn ich ein Getreidekorn wegnehme? Sicher nicht. Zwei? Auch nicht. Welches ist das Getreidekorn, nach dem der Haufen kein Haufen mehr ist? Sprechen wir hier noch von reiner Quantität, oder berühren wir auf der einen Seite die Mengenlehre und auf der anderen die platonische Dialektik des Einen und der Vielen? Kann es – zwingt uns Campanile an einer anderen Stelle zu fragen – einen *Globetrotter* geben, der noch nie einen Kilometer zu Fuß gegangen ist und sich dennoch *Globetrotter* nennt, weil er sich professionell daranmacht, den Globus per pedes zu umrunden?

Einer gewissen Beliebtheit erfreute sich eine erste Definition der Kunst Campaniles als »dummer« oder »tumber« Humorismus (*umorismo scemo*). Wie Almansi gezeigt hat, ist dummer Humorismus derjenige, den die Marx Brothers betreiben, in dem sich jede Geste und jede Aussage in einer anderen Welt bewegt, die nicht der Welt unserer üblichen Logik entspricht. Der Humorismus Campaniles dagegen spricht von der Welt, in der wir leben, so wie sie ist, und von der Art, wie wir über sie sprechen, so wie wir über sie sprechen. Er ist ein gebildeter Humorismus, denn er verlangt, um verstanden zu werden, ein beträchtliches Vorwissen über die Welt und die Sprache, in der über sie gesprochen wird. Die »Tragödie«, in der ein Eremit sich als Antonio Di Napoleone vorstellt, reizt uns zum Lachen, weil sie den Titel *Il solitario di Napoleone* trägt [Der Einsiedler Napoleons, aber auch Die Napoleon-Patience[7]], und gewiß kann man diesen Witz dumm finden, aber man kann nicht sagen, daß der Leser dumm sein muß (und auch nicht der Text), denn beide müssen *im voraus wissen*, daß es ein Kartenspiel dieses Namens gibt. Ohne das Vorwissen, mit dem er spielt, wird Campanile unverständlich.

Ich glaube auch nicht, daß es produktiv ist, Campaniles Sprachkomik mit dem von Freud analysierten Komischen in der Sprache zu vergleichen. Bei Freud ist es die Sprache, die sich im Wortspiel zum Vehikel einer noch verborgenen Dystonie macht, aber in jedem Fall verurteilt der »Freudsche Versprecher« den Sprechenden, nicht die Sprache. Das Wortspiel bei Campanile verurteilt klar und eindeutig die Sprache und ihre Hohlheit. Schon Pancrazi hatte darauf hingewiesen, daß Campanile über die Kunst verfügte, das Mißverständnis aus einer ernstgenommenen Binsenwahrheit hervorgehen zu lassen, und er schrieb, »in einer schwülen Luft wie der heutigen, in einer Literatur, der jeder Sinn für das Lächerliche abgeht«, habe Campaniles Humorismus wie ein natürliches Reagens gewirkt.[8] Deswegen konnte Campanile auch kein Humorist des Regimes sein, denn er traf das aufkommende faschistische Re-

7 Ital. *solitario* heißt (wie engl. *solitaire*) sowohl »Einsiedler« als auch »Patience« (*A. d. Ü.*).

8 Pietro Pancrazi, *Scrittori d'oggi*, Bd. II. Bari, Laterza, 1946.

gime und die Kultur, die es ausbrütete, an ihrem tiefsten Übel, nämlich einer ernstgenommenen paraliterarischen Rhetorik.

In diesem Sinne war Campanile ein Vorläufer jener Ästhetik, die später die des *Bertoldo*[9] sein sollte. Es gibt noch einen anderen Schriftsteller – einen zu Unrecht vergessenen, vielleicht weil er nach dem Krieg nicht in den stratosphärischen Räumen geblieben war, in die er sich während des Regimes zurückgezogen hatte –, der über die Zerstörung der literarischen Stereotype gearbeitet (und sie uns beigebracht) hat: Giovanni Mosca. Vergegenwärtigen wir uns nur ein paar Absätze aus *La lega degli onesti* [Die Liga der Ehrlichen], einem höchst aktuellen Buch, in dem es um eine Gegenverschwörung für eine bessere Welt geht:

Vorgeschlagen zur Nominierung als Assessor für das Zuckerwesen, lehnte er die hohe Ehre ab und durchschwamm den Fluß Tejo, womit er die Begeisterung jener Küstenbewohner weckte, die, endlich aus ihrer jahrhundertelangen Trägheit erwacht und unduldsam gegen die Knechtschaft geworden, die Verfassung forderten und erhielten.
Auf Befehl der deutschen Regierung verhaftet und in eine Festung überführt, verbrachte Rabirius lange Jahre in Gefangenschaft, wo er das Amharische und fast alle slawischen Dia-

9 Satirisches Wochenblatt, das ab 1940 in Mailand erschien und mit seinem surrealen Humorismus, besonders in den Artikeln von Giovanni Mosca, als Gegenpol zur Rhetorik des Faschismus empfunden wurde (*A. d. Ü.*).

lekte erlernte. Freigelassen auf Fürsprache des House of Commons, widmete er sich aus Dankbarkeit dem grandiosen Projekt der Errichtung einer überlangen Brüstung, die sich an allen Küsten Englands hinziehen sollte, um die Kinder und die Schlafwandler daran zu hindern, ins Wasser zu fallen.

Erschüttert bis ins Mark von der Todesnachricht des portugiesischen Königspaares, dem er sich zutiefst verbunden fühlte, erkrankte er schwer, ohne jedoch deshalb aufzuhören, abwechselnd physikalische Studien und den Kampf gegen die Tyrannen zu betreiben.

Er bekämpfte sie bis zum letzten Tag mit Broschüren und Schmähschriften, die er an die Krankenpfleger und Bettnachbarn verteilte.

Er starb im Alter von siebzig Jahren, auf den Lippen den Wunsch nach einem immer besseren Schutz der ledigen jungen Mütter. [...]

Rabirius liegt in Lissabon begraben, wo ein bescheidener Grabstein und eine noch bescheidenere Gedenktafel an seinen Namen erinnern; aber er ist nicht tot, er lebt unter uns im Gedächtnis an seine Taten und seine Entdeckungen.

Man kann Campanile nicht lesen, ohne die ganze Romantradition des 19. Jahrhunderts von Dumas bis Salgari, dem »italienischen Karl May«, und bis zu D'Annunzio gegenwärtig zu haben. Campaniles Figuren rufen »Potzblitz und Donnerkeil!«, um ihre Münder spielt ein Lächeln, das nichts Menschliches mehr hat, und sie brechen in satanisches Gelächter aus, während ihr Herz sichtbar unter dem Wams schlägt. Ich habe Campanile an anderer Stelle einmal als postmodern bezeichnet, und sei es aus keinem anderen Grund als dem, daß seine Komik nicht nur eine Komik des Textes, sondern mit Sicherheit auch eine intertextuelle Komik ist, in der sich die Texte gegenseitig verulken (sogar Campaniles eigene Texte untereinander, und die Personen von *Se la luna mi porta fortuna* sagen, sie seien ausdauernde Leser von *Ma che cos'è questo amore?*).

Ohne Zweifel nimmt er ständig Bezug auf den klassischen Fortsetzungsroman. Eines der Grundelemente des *Roman-Feuilletons* ist die dramatische Enthüllungs- oder Wiedererkennungsszene, und Campanile spielt mit ihr, indem er sie bis zum Äußersten treibt und dann negiert. Berühmt ist die schwindelerregende Serie in *Ma che cos'è questo amore?*, aus der ich nur ein Beispiel zitiere, nicht ohne anzumerken, daß nach diesem Modell den ganzen Roman hindurch immer neue Variationen durchgespielt werden:

»Ich war«, sagte der Greis, »zu jener Zeit knapp dreißig Jahre alt und verbrachte meine Zeit zwischen Haus und Arbeit; ich erfreute mich der Liebe meiner Kinder und meiner Frau. Wenn ich abends müde nach Hause kam, rauchte ich meine Terrakottapfeife, die ich während meiner Abwesenheit auf dem Kaminsims zu lassen pflegte, damit die Buben sie nicht erreichen konnten. Eines Abends trete ich ins Haus, suche die Pfeife an ihrem gewohnten Ort und finde sie nicht. Ich rufe meinen ältesten Sohn und frage ihn: ›Wer hat meine Pfeife genommen? Warst du es?‹ – ›Nein, Papa‹, antwortet er, ›es war Ludovico, der sie genommen hat, und er hat sie unterm Bett versteckt.‹
Ludovico war mein dritter Sohn. Ich gehe unter dem Bett

nachsehen, aber ich finde die Pfeife nicht. Darauf kehre ich zu meinem Ältesten zurück und finde in seiner Tasche die Scherben der zerbrochenen Pfeife und das Pfeifenrohr. Ohne ein Wort zu sagen gebe ich ihm eine Ohrfeige. An jenem Tage verließ mein ältester Sohn das Haus und kam nie wieder. Ich habe auch nie wieder etwas von ihm gehört. Dabei wäre ich so froh, ihn wiederzusehen, bevor ich die Augen für immer schließe.«

Der Neunzigjährige hatte aufgehört zu erzählen, und nach einer kurzen Beratung mit den anderen sagte der Denker kopfschüttelnd:

»Er scheint nicht der Mann zu sein, den wir suchen.«

Der wasserstoffblonde Herr trat vor und fragte den Alten:

»Entschuldigen Sie, war Ihr Sohn nicht ein korpulenter, kräftiger und braungebrannter Junge?«

»Ganz und gar nicht. Er war mager, schmächtig und ein bißchen blaß.«

»Verzeihen Sie meine Hartnäckigkeit, Sie werden den Grund gleich verstehen: Hatte er vielleicht schwarzes, krauses, nach hinten gebürstetes Haar? Pflegte er nach dem Essen Siesta zu halten nach sarazenischer Art?«

»Er hatte glattes rotes Haar und trug es gescheitelt. Nach dem Essen schlief er nie.«

»Aber dann«, rief der wasserstoffblonde Herr, während er den Alten unter den gerührten Blicken der Anwesenden umarmte, »mein Vater, dann bin ich dein Sohn!«

»Mein Sohn?« fragte verwundert der Greis.

»Dein Sohn. Jedoch«, fügte der Blonde hinzu, nachdem sich die erste Liebesaufwallung gelegt hatte, »die Geschichte, die du erzählt hast, ist nicht ganz richtig, Papa. Zunächst hat sich die Sache in Bologna und nicht in Capri zugetragen. Sodann hast du mir keine Ohrfeige wegen der zerbrochenen Pfeife gegeben, sondern hast mich zu meinem Namenstag ausgeführt. Und schließlich, mein lieber Papa, habe ich dich nie zum Vater gehabt und wundere mich sehr, daß du dich einer Nachkommenschaft rühmst, die dir nicht gehört, indem du eine schmerzliche Episode meiner Kindheit von A bis Z fälschst.«

Das zweite Grundelement ist das, welches ich den »Topos des falschen Unbekannten« genannt habe; er liegt vor, wenn der Romancier, um die Erwartungen des Lesers zu kitzeln, eine Person einführt – verhüllt, entweder von der Dunkelheit oder von einem Mantel, der ihre Züge verbirgt –, die der Leser bereits gut kennt und die wiederzusehen ihn nicht überraschen dürfte. Nehmen wir nun die berühmte Stelle in *Se la luna mi porta fortuna*:

Wer sich an jenem grauen Morgen des 16. Dezember 19.. heimlich und auf eigene Gefahr in das Zimmer geschlichen hätte, in dem die Szene spielt, mit welcher unsere Geschichte beginnt, wäre über die Maßen erstaunt gewesen, darin einen jungen Mann mit zerrauftem Haar und fahlen Wangen zu finden, der nervös auf und ab ging; einen jungen Mann, in dem niemand den Doktor Falcuccio wiedererkannt hätte, erstens, weil er nicht der Doktor Falcuccio war, und zweitens, weil er nicht die geringste Ähnlichkeit mit Doktor Falcuccio hatte. Bemerken wir nebenbei, daß die Überraschung dessen, der sich heimlich in das Zimmer, von dem wir sprechen, geschlichen hätte, ganz ungerechtfertigt wäre. Denn jener Mann befand sich in seinem eigenen Hause und hatte das Recht, dort umherzugehen, wann und wie lange es ihm beliebte.

Der *Roman-Feuilleton* lebt vom Drama des Ehebruchs und der Eifersucht. In *Se la luna mi porta*

fortuna entdeckt Filippo, daß Guerrando der Lieb-
haber seiner Frau ist:

»Von dir hätte ich das nie erwartet!« rief Filippo aus.
»Wenn ich mir vorgestellt hätte, daß du es so aufnimmst ...«
Filippo bedeutete ihm zu schweigen. Mit dem Kopf zwischen den Händen heulte er los wie ein Schloßhund. Guerrando zog sich das Herz zusammen, und er hätte den Freund
gern getröstet, wäre er nicht der am wenigsten dazu Geeig-
nete gewesen. Er war Filippo aufrichtig zugetan, und das
sagte er ihm. Der Mann seiner Geliebten sah ihn unter Tränen an.
»Es ist alles vorbei, es ist alles vorbei!« seufzte er.
Ja. Das war das Traurigste: daß alles vorbei war, auch zwischen den beiden Männern. Um wieviel wertvoller war doch
die Freundschaft Filippos als die Liebe der untreuen Susanna
gewesen! Jetzt war alles vorbei: die abendlichen Partien, die
sympathischen Gespräche zwischen den beiden Männern,
die sich über so viele Dinge einig waren, die gemeinsamen Essen, die Scherze, die Ausflüge. Guerrando drückte Filippo
seinen aufrichtig gefühlten Schmerz und sein Bedauern darüber aus, daß ihre Freundschaft nun vorbei war.
»Du hast es so gewollt!« sagte Filippo immer noch unter Tränen. »Jetzt läßt sich nichts mehr einrenken.«
»Wieso?« sagte Guerrando. »Das hängt nur von uns ab.«
Filippo warf ihm einen vernichtenden Blick zu.
»Überleg doch mal«, sagte er, »alle würden über mich lachen.
Es geht nicht, es geht nicht.«
Er fing wieder an zu schluchzen.
»Treffen wir uns heimlich«, sagte Guerrando, »verabreden
wir uns an einsamen Orten, die niemand kennt. Ich habe ein
kleines Appartement.«
»Sei still!« sagte der andere.
»Nein, Filippo«, sagte Guerrando sanft, »du mußt mich ver-

stehen, ich habe den ehrlichen Wunsch, die Sache wieder in Ordnung bringen.«

Und um ihn zu trösten sagte er:

»Ich fürchte, diese Frau hat auch mich betrogen.«

Filippo seufzte. Aus Mitleid für den betrogenen Freund? Aus Kummer über die Nachricht von dem erneuten Betrug seiner Frau?

Man hat es nie erfahren.

Er sagte nur:

»Ich werde sie aus dem Hause jagen.«

»Danke«, murmelte Guerrando.

»Mehr noch«, fuhr Filippo fort, »ich werde sie umbringen.«

»Aber nein«, sagte Guerrando, »warum willst du sie denn umbringen?«

»Na gut«, lenkte der andere ein, »ich bringe sie nicht um.«

Er hatte sich ein bißchen beruhigt.

»Jetzt muß ich dir etwas gestehen«, sagte er, »worüber du sehr lachen wirst. Als ich zu dir sagte: ›Du bist der Geliebte meiner Frau‹ ...«

»Ja?«

»Da sollte das ein Scherz sein.«

»Was für ein blöder Scherz!« rief der andere aus. »Siehst du? Siehst du jetzt, was passiert, wenn man solche Scherze macht? Das nächste Mal nimm dich ein bißchen in acht mit deinen Scherzen!«

Er sah den Freund schüchtern an.

»Also«, sagte er, »wenn du deine Frau aus dem Hause jagst, kann ich dich dann nicht wieder besuchen kommen? Können wir unsere abendlichen Partien nicht wieder aufnehmen?«

Filippo rang heftig mit sich. Aber die Versuchung war stark. Endlich gab er sich einen Ruck. Er reichte Guerrando die rechte Hand.

»Sei's drum«, stammelte er leise. »Aber unter einer Bedingung.«

»Und die wäre?«

»Daß es niemand erfährt.«

»Niemand wird nur das geringste erfahren«, flüsterte Guerrando, »ich schwör's dir. Wir werden alles tun, daß es niemand erfährt.«

»Daß du mich ja nicht kompromittierst!« sagte Filippo. »Es
geht um meinen Ruf. Ich verlange größte Diskretion.«

»Filippo«, sagte der andere ernst. »Ich bin ein Ehrenmann.«

»Und vor allem«, fügte Filippo mit erhobenem Zeigefinger
hinzu, »daß meine Frau ja nichts erfährt!«

Das andere Objekt der von Campanile praktizierten
Umkehrungsoperationen ist der umgangssprach-
liche und journalistische Gemeinplatz. Dafür zwei
Beispiele aus *Ma che cos'è questo amore?*:

Frühmorgens um sieben betrat Carl'Alberto den Bahnhof
und rief:

»Dienstmann!«

Ein Dienstmann drehte sich erbost um.

»Meinen Sie mich?« schnappte er. »Selber Dienstmann!«

»Ja, sind Sie denn nicht der, der die Koffer trägt?«

»Ach so, es ist wegen der Koffer! Ich dachte, Sie wollten mich
beleidigen.«[10]

»Sehe ich so aus?«

Er hatte noch nicht zu Ende gesprochen, da wurde die Auf-
merksamkeit der beiden jungen Leute auf das singuläre Verhalten eines Unbekannten gelenkt.

10 Das italienische Wort *facchino* heißt sowohl »Dienstmann«, »Gepäckträger« als auch »Rüpel«, »Flegel« (*A. d. Ü.*).

Es handelte sich um einen Mann mittleren Alters, der, auf einer Klippe stehend, wenige Schritte von unseren Freunden entfernt, ohne sie zu bemerken, etwas ins Meer geworfen hatte, das wie eine Flasche aussah; dann hatte er sich die Jacke ausgezogen, und nun machte er Anstalten, sich kopfüber ins silbrig schimmernde Wasser zu stürzen.

Mit zwei Sprüngen war Carl'Alberto bei ihm.

»Was tun Sie, Unseliger?« rief er und packte ihn am Arm.

Der andere schien ungehalten darüber, daß er in diesem Moment gestört worden war, und sagte traurig:

»Lassen Sie mich. Sehen Sie nicht? Ich bringe mich um.«

Lucy, die dazugetreten war, erschauerte.

Doch Carl'Alberto ließ den Arm des Unbekannten nicht los und sagte:

»Machen Sie keine Dummheiten. Bedenken Sie, was Sie tun, bevor er zu spät ist.«

»Ich habe es lange bedacht«, erwiderte der Unglückliche mit der Ruhe eines Mannes, der weiß, was er tut, »und meine Entscheidung ist unwiderruflich. Addio. Ich gehe aus Liebe in den Tod.«

»Aus Liebe?« rief Carl'Alberto. »Wie kann man aus Liebe in den Tod gehen, wo doch Liebe das Gefühl der Freude ist?«

»Junger Mann«, sagte der Unbekannte traurig, »was weißt du von Liebe? Laß mich sterben.«

»Mein Herr, um Gottes willen, tun Sie das nicht! Bedenken Sie doch, wie schön das Leben ist! Die Straßen der Welt sind voller Frauen, die Zeit heilt alle Wunden!«

»Alles umsonst, mein Freund. Ich kehre nicht mehr um. Lassen Sie mich.«

»Aber nicht doch, bedenken Sie, in sechs Monaten, in einem Jahr werden Sie lächeln über diesen Moment der Schwäche.«

Der Unbekannte lächelte bitter.

»Wissen Sie«, sagte er, »was ein Mann tut, wenn ihn die Frau, für die er lebt, nicht liebt?«

»Er liebt eine andere.«

»Er nimmt sich das Leben.«

»Aber nein, leben Sie weiter!« rief Carl'Alberto und zog ihn am Arm. »Tun Sie's für Ihre Familie.«

»Drängen Sie mich nicht.«

»Tun Sie's für die Pflicht zu leben, die wir alle haben.«

»Rhetorik!«

»Tun Sie's für jene Frau, der es sicher schon leid tut.«

»Überlassen Sie mich meinem Schicksal.«

»Tun Sie's für das Gedächtnis Ihrer Lieben.«

»Nichts da. Ich will sterben!«

Mit einem Ruck riß der Unbekannte sich los und lief zum Rand der Klippe.

»Hören Sie«, rief Carl'Alberto ihm nach. »Hören Sie: Tun Sie's für mich!«

Der andere blieb stehen. Er blickte zu Carl'Alberto, er blickte zum Meer, er blickte erneut zu Carl'Alberto. Dann, sehr langsam, kam er zurück.

»Wenn das so ist«, sagte er, »kann ich offen gesagt nicht nein sagen.«

Und er zog sich die Jacke wieder an.

Manchmal handelt es sich um rhetorische Ausdrücke, die an sich längst alles Pathos verloren haben und denen Campanile, indem er sie wörtlich nimmt, eine neue Spannung verleiht, wie wenn es ihm in *Se la luna mi porta fortuna* gelingt, uns über die Redewendung »Der Tag stirbt«[11] nachdenken zu lassen:

11 Im Italienischen ist die Wendung *il giorno muore* ganz geläufig (*A. d. Ü.*).

Etwas sehr Ernstes ereignet sich vor unseren Augen. Seht, jetzt wird der Platz vor dem Hotel ganz blau, seht nur!

Langsam dämmert die schreckliche Wahrheit in unseren Köpfen.

Der Tag stirbt! Der Tag stirbt!

Seit ein paar Minuten sind wir, ohne es bemerkt zu haben, stumme Zeugen der Agonie des Tages, der auf dem Wasser stirbt, und wir sind unfähig, etwas für ihn zu tun. Keinen Finger können wir rühren, um ihn zu retten und sein Ende zu verhindern oder wenigstens hinauszuzögern.

Der Tag stirbt.

Es gibt keine Hoffnung mehr. Es ist nur noch eine Frage von Minuten, bis das Unvermeidliche eintritt; die Katastrophe kann nicht mehr lange auf sich warten lassen. Viele Gäste haben sich auf Zehenspitzen davongemacht und in ihre Zimmer zurückgezogen.

Die Familien sind im Gänsemarsch aus dem Saal gegangen. Auch die Musiker des Orchesters haben zu spielen aufgehört, haben ihre Instrumente eingepackt und sich leise verdrückt. Die Kellner haben sich in den hinteren Teil zurückgezogen, um nicht zusehen zu müssen, und von den wenigen Gästen, die bis zuletzt geblieben sind, wagt keiner mehr etwas zu sagen.

Der Tag stirbt, Herrschaften, der Tag stirbt, und niemand kann etwas für ihn tun.

Jetzt ist auf der Terrasse einer der alten, in wollene Schals gewickelten Herren erschienen, mit seiner jungen Frau, die ihn immer vor allen Leuten streichelt und ihm die Haare an den Schläfen glattstreicht. Vielleicht kann er etwas tun, er, der so viel herumgekommen ist. Er fixiert den Horizont mit gedankenvollem Blick, während die Abendbrise sanft seine grauen, unter der Baskenmütze hervorlugenden Haare bewegt und die ewige russische Zigarette vergessen zwischen seinen Lippen verglimmt.

Stört ihn nicht. Laßt ihn allein auf du und du mit dem Horizont. Laßt ihn machen. Vielleicht kann er diesen Tag retten, der da ohne Zuckungen stirbt, der immer blasser wird, sich rasch abkühlt und verdunkelt, in einer resignierten Agonie, wie ein armes Opfer, das heimtückisch ins Herz getroffen ist und im Todeskampf liegt, ohne sich aufzubäumen, ohne zu klagen, keine Minute länger, als zum Sterben nötig. Vielleicht denkt er darüber nach, wie dieser Tag zu retten ist, während er ihn wie ein alter Löwe fixiert.

Aber was kann er schon tun, er, der sich kaum selbst auf den Beinen zu halten vermag? Er ist so müde. Und das Blau wird immer blauer, tendiert rasch zum Aschgrauen, zum Fahlen, zum Geisterhaften. Zu spät, zu spät! Nicht einmal der alte Herr kann noch etwas tun. Auch er muß tatenlos zusehen, wie der Tag endet, wie er den fahlen Kopf über das Wasser neigt und stirbt, wie er schlagartig sein Blut aus unsichtbaren Adern verströmt ...

Das war's. Jetzt ist das Blau zu Schwarz geworden, vor unseren Augen, ganz plötzlich, ohne daß wir es richtig bemerkt haben. Das ist das Ende. Und das Ende ist blitzschnell gekommen.

Adieu, adieu. Er war nichts Besonderes, er war kein außergewöhnlicher Tag, er war weder allzu strahlend noch allzu düster, weder allzu gut noch allzu schlecht; er war kein historischer Tag und nicht einmal einer, an den man sich erinnern muß. Er war ein Tag wie alle anderen, ein beliebiger Tag, weder traurig noch heiter, weder schön noch häßlich. Fast ein unnützer Tag.

Aber wir werden ihn niemals wiedersehen.

Jemand hat das Licht angeknipst.

Hier erzeugt die Komik einen pathetischen Effekt und vielleicht noch etwas mehr, denn sie läßt uns darüber nachdenken, daß ein zu Ende gegangener

Tag, so bedeutungslos er gewesen sein mag, nie wiederkehren wird.

Anderswo kann jedoch das gleiche Spiel mit einem banalen journalistischen Klischee gespielt werden, wie in dem Abschnitt über die Diebe in *Cantilena all'angolo della strada* [Singsang an der Straßenecke]:

Und die Diebe, wie kommen sie raus? Wo schlüpfen sie durch? Niemand sieht sie. Dann erfährt man es: Heute nacht haben sie das Rollo aufgebrochen, haben da was gestohlen und dort was gestohlen. Wie stellen sie's an, daß sie nicht gesehen werden? Nie können sie die Herkunft eines beliebigen Bündels erklären. Immer liest man in den Zeitungen: Wurde im Besitz dieses und jenes Gegenstandes gefunden, dessen Herkunft er nicht erklären konnte. Du lieber Himmel! Immer sollen die Diebe nur eines erklären: nicht die Quadratur des Kreises oder ein Problem der Algebra, sondern einzig und allein die Herkunft ihrer Diebesbeute. Möchte wissen, ob es einem Dieb jemals gelungen ist, sie zu erklären. Haben sie denn kein bißchen Phantasie? Können sie nicht etwas erfinden, was einigermaßen plausibel klingt? Für sie muß diese Herkunft so ungefähr das sein, was für die Denker die Unsterblichkeit der Seele ist, die Ewigkeit, das Unendliche oder – schlimmer noch – das Endliche.

Genauso seltsam ist die Hartnäckigkeit, mit der die Polizisten immerfort von den Dieben verlangen, besagte Herkunft zu erklären. Noch immer haben sie sich nicht damit abgefunden, sie eben nicht zu kennen, noch immer haben sie nicht begriffen, daß die Diebe sie nicht erklären können. Sollen sie sie ruhig festnehmen, aber sie sollten ihnen diese peinliche Frage ersparen.

Oder sehen wir uns an, welchen Gewinn man aus der stehenden Formel »Ein Mann im Meer« [italienisch für »Mann über Bord«] ziehen kann (aus *Ma che cos'è questo amore?* – der alte Carl'Alberto ist im Meer vor Sorrent aus dem Wasser gefischt und an Bord des Touristen-Dampfbootes gehievt worden, wo man ihn durch durch künstliche Beatmung reanimiert, mit warmer Kleidung versorgt und mit einem guten Essen wieder zu Kräften gebracht hat):

Nach dem Kaffee wurden ihm einige Gläschen Marsala serviert, dazu Biskuit und Eierlikör. Immer wieder kam jemand und fragte:
»Wo ist der Schiffbrüchige?«
Und sie brachten ihm Schokolade, Karamelbonbons und Geschenke, die er in die Tasche steckte, während er weiter aß. Der illustre und betrauerte Francesco Ilario Rossi schenkte ihm sogar eine halbe Lira.
Als er zu Ende gegessen hatte, bot ihm ein Amerikaner eine dicke Zigarre an, und fünf bis sechs Umstehende reichten ihm Feuer.
Der alte Carl'Alberto streckte sich im Sessel aus und begann zu rauchen.
Dann sagte der Kapitän, während alle schwiegen:
»Und jetzt, guter Mann, erzählen Sie uns, wie es zu dem Unglück gekommen ist.«
Alle drängten sich um den Schiffbrüchigen. Dieser zog vier- bis fünfmal an seiner Zigarre, leerte sein Glas und sagte in die erwartungsvolle Stille hinein:
»In der ersten Hälfte des neunzehnten Jahrhunderts, genauer gesagt...«
Allenthalben erhoben sich Proteste.

»Beginnen Sie mit einer jüngeren Epoche«, rief jemand.
Der Alte leerte ein zweites Gläschen, und nach einer Minute der Sammlung hob er von neuem an:
»In der zweiten Hälfte des neunzehnten Jahrhunderts ...«
Aber die Menge protestierte erneut: Der Alte wurde gebeten, sich dem Vorfall etwas mehr anzunähern. Geduldig leerte er ein drittes Gläschen und hob abermals an:
»Zu Beginn des zwanzigsten Jahrhunderts ...«
»In unseren Tagen, in unseren Tagen!« rumorte die Menge.
»Also bitte sehr!« rief der Schiffbrüchige gereizt. »Wenn Sie die Vorgeschichte nicht hören wollen, um so schlimmer für Sie!«
Er leerte ein viertes Gläschen, machte eine Pause, wie um sich zu sammeln, und begann erneut:
»Heute morgen ...«
»Ah! ...« seufzte die Menge erleichtert auf.
»Ruhe«, rief jemand. »Nicht unterbrechen!«
»Heute morgen«, fuhr der Alte fort, »als ich mich auf der Durchreise in Sorrent befand, kam mir die Idee, ein Bad zu nehmen. Gesagt, getan. Ich mietete mir einen Badeanzug und stieg ins Wasser. Ich war bereits eine Weile geschwommen, da spürte ich auf einmal, wie mich ...«
»... die Kräfte verließen«, unterbrach ihn der Herr, der eines von jenen Gesichtern hatte, wie man sie nur auf Dampfbooten antrifft.
»Ruhe, Herrgottnochmal«, rief es von mehreren Seiten, »lassen Sie ihn doch ausreden!«
»Da spürte ich auf einmal«, fuhr der Alte fort, während er dem Herrn, der eines von jenen Gesichtern hatte, wie man sie nur auf Dampfbooten antrifft, einen vernichtenden Blick zuwarf, »da spürte ich auf einmal, wie mich vier kräftige Seeleute packten, die was erleben können, wenn sie mir noch mal vor Augen kommen, denn es fehlte nicht viel, und ich wäre durch ihre Schuld ertrunken.«
Bei diesen Worten warf der alte Carl'Alberto einen Blick in

die Runde, während sich ein erstauntes Raunen ringsum erhob.

»Aber dann«, sagte der Kapitän, »dann waren Sie, wenn ich Sie richtig verstanden habe … dann waren Sie gar nicht am Ertrinken?«

»Nicht im geringsten.«

»Und wieso waren Sie im Wasser?«

»Ich habe ein Bad genommen.«

Der alte Carl'Alberto tupfte sich den Schweiß von der Stirn und bat um ein weiteres Glas Likör.

»Einen Moment!« rief der Kapitän, dem schon das Blut zu Kopf gestiegen war, »Einen Moment noch! Erst müssen wir diese Sache klären. Bootsmann!«

Der Bootsmann kam herbeigeeilt.

»Sie«, sagte der Kapitän, »wieso haben Sie falschen Alarm gegeben? Antworten Sie, oder ich puste Ihnen das Hirn aus dem Schädel!«

»Ich?« rief der Bootsmann. »Ich habe doch keinen falschen Alarm gegeben. Ich habe bloß gesagt: Ein Mann im Meer. Und das war die reine Wahrheit.«

»Beim Satan«, rief der Kapitän, »das stimmt!«

Er hieb mit der Faust auf den Tisch und brüllte in Richtung des falschen Schiffbrüchigen:

»Alter Teufel, du hast uns reingelegt!«

Caterina de Caprio vermerkt in ihrem jüngst erschienenen Buch *Achille Campanile e l'alea della scrittura* (Liguori 1990), daß Campaniles Bibliothek in Velletri eine Reihe von Handbüchern des guten Benehmens und der eleganten Konversation enthält – das *Saper vivere* von Serao, den *Galateo della borghesia* von Nevers, Anna Vertua Gentiles *Come devo comportarmi* und andere. Gewiß hat er immer wieder die guten und schlechten Manieren aufs Korn genommen, aber, ich wiederhole es, viele der Strategien Campaniles werden uns heute verständlicher, seit in zahlreichen Untersuchungen zur Sprachpragmatik die Konversationsregeln freigelegt worden sind, die, so evident sie scheinen, jeder zivilisierten Kooperation beim Kommunikationsprozeß unterliegen. Ausgehend von einer Vermutung, die ich 1980 in einem Artikel über das Komische und die Regel geäußert hatte, haben zuerst Carla Paletta und dann Caterina de Caprio die Texte von Campanile im Licht der Konversationsmaximen von Paul Grice untersucht. Es sind dies die Maximen der Quantität, der Relation, der Modalität und der Qualität.[12] Jedesmal, wenn sie in einer Vorlesung über Pragmatik dargelegt werden, ist die erste Reaktion der Zuhörer, daß sie doch selbstverständlich seien, und man muß ihnen mühsam vor Augen führen, daß bei einer Verletzung dieser Maximen der Gesellschaftsvertrag zerbricht – und da dies sehr häufig geschieht, daß sie mithin nicht so selbstverständlich sein können. Campanile eignet sich nun jedoch ganz vorzüglich, um zu zeigen, daß aus einer Verletzung dieser Maximen auch die Komik des Diskurses beziehungsweise die Komik des Textes entsteht.

12 Paul Grice, »Logik und Konversation«, übersetzt v. Andreas Kemmerling, in *Handlung, Kommunikation, Bedeutung*, hrsg. v. Georg Meggle, Frankfurt, Suhrkamp, 1979, S. 243-265 (*A. d. Ü.*).

Maxime der Quantität: »Sorge dafür, daß dein Beitrag zur Konversation nicht mehr oder weniger informativ ist, als es die Situation verlangt.« Auf die Frage, wie spät es ist, antwortet man mit einer Uhrzeit, nicht mit einer astronomischen Beschreibung, aber die Uhrzeit muß zumindest die Stunde enthalten, wenn nicht die Minute, und auch nicht *nur* die Minute. Vergleichen wir nun Campanile:

Die Eifersucht.
Was, meine sehr verehrten Damen und Herren, ist die Eifersucht? Reden wir ein bißchen von der Eifersucht. Reden wir ein bißchen länger von ihr.
Die Eifersucht, meine Damen und Herren, ist eine schwerwiegende, aber nicht unlösbare Frage. Man könnte hier jedoch einwenden: Wohin führt uns diese Theorie? Wo soll das enden? Wir werden es Ihnen sagen, wo das enden soll. Wir haben keine Vorurteile und schon gar keine Fetischismen. Gott bewahre! Allerdings, freilich, auch dazu gäbe es vieles zu sagen. Wir wissen, daß nicht alle mit uns übereinstimmen. Gut, gut, das ist kein Grund, sich beleidigt zu fühlen. Aber im Prinzip werden Sie unserer Ansicht zustimmen. Man kann sich natürlich täuschen. Wir alle sind fehleranfällig. Doch im wesentlichen, worauf läuft es hinaus? Verstehen wir uns recht, es handelt sich hier um Deduktionen.
Also. Was kann man antworten? Warum? Wie?
»Aber«, höre ich es schon einwenden.
Lassen wir's auf sich beruhen, meine Damen und Herren, lassen wir's auf sich beruhen.
Ist das richtig?
Nein.
Nach diesem entscheidenden Wort über die strittige Frage der Eifersucht wollen wir von etwas anderem sprechen.

Wovon wollen wir sprechen? Sprechen wir erneut über die Eifersucht. Oder nein, sprechen wir nicht mehr von ihr. Betrachten wir die Diskussion als erfolgreich in unserem Sinne beendet.

Maxime der Modalität: »Vermeide Mehrdeutigkeit.« Maxime der Relation: »Sei relevant, sprich zur Sache.« Hier ein Dialog, der beide nacheinander verletzt:

»Stört Sie der Rauch?« fragte Carl'Alberto die Dame und machte sich auf eine heftige Reaktion gefaßt.
»Nein, rauchen Sie ruhig.«
»Danke, ich rauche nicht.«
»Und warum fragen Sie dann?«
»Ich meinte den Rauch der Lokomotive.«
Nach einer Pause fragte Carl'Alberto erneut:
»Stört Sie der Rauch?«
»Welcher?«
»Der Zigarettenrauch.«
»Nein, rauchen Sie ruhig.«
»Wie ich schon sagte, ich rauche nicht.«
»Und warum fragen Sie dann?«
»Aus Neugier.«

Schwieriger ist es, auf komische Weise die Maxime der Qualität zu verletzen, denn sie verlangt, daß man wahrhaftig ist, wahrhaftig in dem Sinne, daß, wenn ich in einem Gespräch sage, draußen regne es oder jemand sei angekommen, die Teilnehmer am Konversationsvertrag annehmen dürfen, daß ich die Wahrheit sage. Die Lüge reizt jedoch nicht zum Lachen, sie erregt höchstens Zorn gegenüber dem Lügner oder Mitleid mit dem Belogenen. Komisch wird die Lüge, wenn sie sich von allein dementiert, wie im Paradox des Epimenides (»Alles, was ich sage, ist falsch«). Ein Meister in dieser Technik ist der wasserstoffblonde Herr in *Ma che cos'è questo amore?*:

»Und so«, fragte der alte Carl'Alberto den wasserstoffblonden Herrn, als sie aufgehört hatten, über den weiteren Gang der Untersuchungen bezüglich der Ohrfeige zu spekulieren, »und so haben Sie sich auf den Weg nach Capri gemacht, um dort ein paar Tage Urlaub zu machen, stimmt's?«
»Ich könnte sagen, so war es«, antwortete der wasserstoffblonde Herr, »aber ich sage es nicht.«
»Vielleicht«, fügte der Alte hinzu, »haben Sie Besitz auf der Insel.«
»Nicht auf dieser Insel. Ich habe welchen in meiner Gegend. Ich besitze ein kleines Haus auf dem Lande. Oh, nichts Besonderes, verstehen wir uns recht. Es ist ganz wertlos. Ein kleines Haus. Man sieht es fast nicht, so klein ist es. Ja, genau bedacht sieht man es überhaupt nicht. Ich habe es noch nie gesehen. Niemand hat es je gesehen. Man könnte fast sagen, daß es nicht existiert.«
»Warum sagen Sie: man könnte *fast* sagen?«
»Sie haben recht. Im Grunde könnte man sehr gut sagen: Es existiert überhaupt nicht.«
[...] und während er ihn aufmerksam ansah, fuhr er fort:
»Merkwürdig, wie sehr Sie einem meiner Freunde ähneln, einem gewissen Mario. Kennen Sie ihn?«
»Ich habe nicht das Vergnügen. Ähnele ich ihm in den Gesichtszügen?«
»Nein. Die Gesichtszüge sind sogar sehr verschieden. Aber da ist etwas an Ihnen ...«

»Vielleicht im Blick?«

»Ganz und gar nicht. Im Blick haben Sie nichts mit ihm gemeinsam. Aber in etwas anderem ...«

»Die Stimme?«

»O nein, nein! Warten Sie. Ich komme nicht drauf, und doch ... Würden Sie bitte mal einen Augenblick aufstehen?«

»Gern.«

Der Alte stand auf, und der wasserstoffblonde Herr musterte ihn lange gedankenvoll. Dann sagte er:

»In der Figur ähneln Sie ihm nicht. Allerdings ... drehen Sie sich bitte mal im Kreis.«

Der Alte drehte sich im Kreis und ließ sich von dem Wasserstoffblonden betrachten, der etwas vor sich hin murmelte, als spreche er mit sich selbst, und den Kopf in einer Weise hin- und herbewegte, die nichts Gutes verhieß.

»Fertig?« fragte der Alte schließlich.

»Ja, bitte nehmen Sie wieder Platz«, antwortete der Wasserstoffblonde.

Als sie sich wieder gegenübersaßen, fragte der Alte begierig:

»Nun?«

»Nun«, antwortete der Blonde nach einer Pause, »ich muß Ihnen leider gestehen, daß Sie meinem Freund überhaupt nicht ähnlich sehen, in nichts.«

»Verflixt!« rief der Alte und zerbrach ein Glas.

»Und so«, sagte der alte Carl'Alberto zu dem wasserstoffblonden Herrn, um ein Gespräch wieder aufzunehmen, das durch das unerwartete Auftauchen einiger superber Langusten für einen Moment unterbrochen worden war, »und so, sagten Sie, haben Sie eine Million im Roulette gewonnen?«

»Genau.«

»Sie Glücklicher! Wie lange ist das her?«

Der wasserstoffblonde Herr machte eine kurze Überschlagsrechnung im Kopf und sagte:

»Ostern wird es genau ein Jahr her sein.«

»Ein Jahr!«

»Im übrigen«, fügte der Blonde nach einer kurzen Überlegung hinzu, »dauert es noch fast ein Jahr bis Ostern.«

»Das stimmt«, bemerkte der Alte. »Also wie?«

»Ganz einfach. Die Sache passierte vor sieben Tagen oder, um es genauer zu sagen, gerade erst gestern. Aber was sage ich gestern? Heute morgen! Es ist heute morgen passiert. Nicht später als heute morgen. Mehr noch, vor einer Minute. Mehr noch, es passiert gerade jetzt, während wir reden.«

»Während wir reden?«

Der Blonde ließ sich von der Woge seiner Erinnerungen mitreißen:

»Um ganz genau zu sein«, sagte er, »ich sage Ihnen noch mehr, ja ich will Ihnen alles sagen: Die Sache muß erst noch passieren.«

Man wird bemerkt haben, daß unter allen bisher gegebenen Beispielen kaum zwei zu finden sind, die zur selben Kategorie der Strategien des Komischen gehören. Wie es scheint, ist angesichts der Herausforderung des Komischen eine allgemeine Theorie weniger hilfreich als eine Phänomenologie der Mechanismen, die verschiedene Effekte produzieren.

Das Komische scheint zu jenen Kategorien wie das Spiel zu gehören, die Wittgenstein zu Recht kritisiert hat, denn als »Spiel« bezeichnen wir sowohl Aktivitäten, in denen man sich physisch verausgabt, wie auch das Lottospiel, Duelle zu zweit und solitäre Vergnügungen, Wetten mit hohem Risiko und friedliche Balgereien mit Haustieren. Der Spielbegriff umgreift eine Reihe verschiedener Tätigkeiten, die durch vage Familienähnlichkeiten verbunden sind, denn das Spiel ist keine spezifische Tätigkeit, sondern eine der menschlichen Dimensionen, so wie die Sexualität – die sich in der platonischen Liebe sublimiert, im Sexualakt entfaltet, in der schüchternen Liebkosung zurückhält, in der sadomasochistischen Herausforderung entfesselt und sowohl die Gemeinsamkeit von zwei oder vielen Partnern als auch das einsame Vergnügen implizieren kann.

Das Komische (mit seinem weder notwendigen noch zureichenden Korollar, dem Lachen) ist von derselben Art. Wir sind im gleichen Maße *homo ludens*, wie wir *homo ridens* sind. Und wenn wir lachen, lächeln, scherzen, sublime Strategien des Lächerlichen ins Werk setzen – und wir sind die einzige Gattung, die das kann, denn sowohl die Tiere als auch die Engel sind davon ausgeschlossen –, dann tun wir das, weil wir die einzige nicht unsterbliche Gattung sind, die um ihre Sterblichkeit weiß. Der Hund sieht andere Hunde sterben, aber er weiß nicht – jedenfalls nicht kraft logischer Deduktionen –, daß auch er sterblich ist. Sokrates weiß es. Und weil er es weiß, ist er fähig zur Ironie. Das Komische und der Humor sind der Modus, in dem der Mensch versucht, sich die unerträgliche Idee seines eigenen Todes erträglich zu machen – oder die einzige Rache zu nehmen, die ihm möglich ist gegen das Schicksal oder die Götter, die ihn sterblich haben wollen.

Campanile ist ein großer Komiker, weil er den Tod kennt und häufig thematisiert, er spricht viel von Friedhöfen und Beerdigungen. Seine Geschichten kreisen obsessiv um das Problem des Todes, von den Jugendwerken an. Er kann aus der Idee des Todes Gelegenheiten zu verstörendem Lächeln gewinnen. Angefangen bei jenem jugendlichen Helden, der auf die Frage »Wie geht's?« statt der Antwort »Man lebt so dahin (*si vivacchia*)« die Antwort »Man stirbt so dahin (*si moriacchia*)« gibt und dann luzide erklärt, warum er das sagt, bis hin zu der Geschichte vom armen Pietro. Lesen wir den folgenden Abschnitt aus *Cantilena all'angolo della strada*:

Obwohl man doch mit Sicherheit weiß, daß wir alle einmal sterben müssen, sind immer alle ganz überrascht von dem Phänomen. Wer zum Begräbnis eines Freundes oder Verwandten geht, hat im Grunde immer die Vorstellung, sich mit etwas zu beschäftigen, was ihn nicht persönlich betrifft. Haben Sie jemals eine Familie besucht, die von einem Trauerfall betroffen ist und den Verstorbenen noch im Hause hat? Man trifft auf lauter ganz überraschte Personen, als ob etwas höchst Sonderbares geschehen wäre, etwas, das noch nie vorgekommen ist, seit die Welt besteht. Alle sind erschüttert, alle zeigen demonstrativ, daß sie auf so etwas überhaupt nicht vorbereitet waren. Sowohl die Verwandten wie die Freunde. Erstere legen keinerlei Zwanglosigkeit an den Tag, die Besucher sagen Sätze, die man, freundlich ausgedrückt, nur unsinnig nennen kann. [...] Sie können absolut keine Tränen sehen. »Du darfst nicht weinen. Versprich mir, daß du nicht weinst«, sagen sie. Aber wieso? Was ist so schlimm daran, wenn jemand weint? Und was die Verwandten angeht, sie sagen Sätze

ohne jeden Sinn und Verstand: »Er durfte nicht sterben!«;
»Wer hätte das gedacht?« und andere, die nur akzeptabel
wären, wenn das Phänomen des Todes sich zum erstenmal
seit Bestehen der Welt ereignet hätte. [...]
Überraschung? Sind sie verrückt? Was soll daran überraschend
sein? Die Überraschung wäre verständlich, wenn sie statt der
Nachricht, daß der Freund gestorben ist, wie einen Blitz aus
heiterem Himmel die Nachricht bekommen hätten, daß der
Gute niemals sterben wird, in alle Ewigkeit nicht. Nur in diesem Falle wären die Sätze, die anläßlich des Todes gesagt werden, angemessen: »Das hätte ich nie gedacht!«; »Wer konnte
das ahnen?«; »Ich kann es noch immer nicht glauben!«
Nur der Tote hat die Lage verstanden und sich friedlich damit
abgefunden. Solange das Leben währt, gibt es Hoffnung. Solange es eine Spur von Hoffnung gab, hatte auch er sich erregt, hatte wirre Gesten gemacht und sinnlose Sätze gesagt.
Aber jetzt, nichts mehr davon. Jetzt ist er ganz ruhig. Er ist
der einzige Zwanglose. Der einzige, der seine Rolle zu spielen
weiß. Er ist erst seit wenigen Stunden tot und scheint sich
schon bestens in diesen Dingen auszukennen. Unten in dem
Raum voller Blumen, zwischen den Kerzen, ausgestreckt auf
dem Bett, mit seinem besten Anzug bekleidet, hat er schon
dieses undurchdringliche Aussehen angenommen, diese un-
wahrscheinliche Blässe, diese Reglosigkeit, diese charakteris-
tische Kälte. Mit einem Wort, er hat bereits das, was die
Franzosen *le physique du rôle* nennen. Alle Lebenden rennen
aufgeregt umher wie die Küken im Stroh, als wären sie voll-
kommen unerwartet aufgescheucht worden, und legen einen
beklagenswerten Mangel an Vorbereitung an den Tag. Nur
der Tote zeigt keinerlei Überraschung. Man möchte meinen,
er hätte sein ganzes Leben lang nichts anderes getan als zu
sterben. Seht ihn euch an, wie er da auf dem Bett liegt. Er tut
keinen Mucks, gibt niemandem recht, sieht niemanden an. Er
macht keine Bemerkungen. Wie kann das sein? Wo es doch

vor wenigen Stunden noch so aussah, als wollte er sich von diesen Personen und diesen Sachen, die ihn umgeben, niemals lösen? Ist es möglich, daß er sich schon in Frieden dreingeschickt hat? Er kümmert sich um nichts und niemanden mehr. Nicht einmal um sich selbst. Sollen sie doch tun, was sie wollen, ihn anziehen, ihn ausziehen, ihn in einen Sarg legen. Ihm ist das völlig egal. Wenn sie ihn dalassen wollen, bleibt er da. Wollen sie beten? Bitte sehr. Wollen sie weinen? Bitte sehr. Er liegt still und läßt sie machen. Absolut ruhig. Wo hat er das bloß gelernt, die Rolle des Toten so gut zu spielen? Und das ist keine Frage der Bildung oder des Alters oder ähnlicher Dinge. Die Armen können es genausogut wie die Reichen, ein Analphabet sieht genauso abgeklärt aus wie ein großer Gelehrter, Junge und Alte liegen – wenn sie tot sind – mit der gleichen Unbeweglichkeit da, mit der gleichen Abgehobenheit. Seht, wie gelassen er ist, und lernt von ihm. [...]

Was für ein Fund, der Tod! Auch der größte Romancier, auch der einfallsreichste Komödienschreiber hätte sich eine so geniale Lösung nicht ausdenken können. Es gibt Situationen, die heillos verworren scheinen, unauflösliche Verwicklungen, Knäuel, die man nie mehr wird aufdröseln können. Dann kommt der Tod, und alles löst sich. Es gibt Zusammenballungen von Personen, die nicht zu trennen scheinen. Und die zu trennen für Menschen unmöglich ist. Aber der Tod regelt alles, er bringt die Situation wieder in Fluß oder löst sie auf, wenn sie zerrüttet ist, läßt alles wieder von vorn beginnen und öffnet die Tore zum Leben. Manchmal verursacht er Herzeleid. Doch er löst, was unlösbar schien. Auf die einfachste und am wenigsten erwartete Weise. Wahrhaftig, auch die größten Autoren hätten sich nicht so etwas ausdenken können wie den Tod.

Der freilich – muß man hinzufügen – ein Werkzeug ist, das nur von einer Unendlichen Weisheit gehandhabt werden kann. In unseren Händen wäre er ein Desaster.

Es sterben auch Kinder, weil sie das Pech haben, kleine Menschen zu sein, außerdem kommt es vor, daß sie sterben, bevor sie richtige Menschen geworden sind:

Und da kommt der weiße Wagen mit den hölzernen Engelchen, langsam schwankt er durch die Menge der Bürger. An der Kleinheit des Wagens erkennt man, daß es ein sehr kleines Kind gewesen sein muß, und es ist ein wunderbarer Anblick, wie beim Vorbeikommen dieses Kindes alle den Hut abnehmen, bloß weil es tot ist. Sogar die Offiziere führen die Hand ans Visier, als salutierten sie einem General; sogar die Schutzmänner stehen stramm, als ginge der Gouverneur vorbei; und sogar die Kutscher, die sich um die erwachsenen Menschen einen Dreck scheren, ziehen rasch ihre Mützen, während die Trambahnen und die Autos in langer Reihe warten, ohne zu protestieren.

Na so was! Ist doch bloß ein Kind!

Und eigentlich hat es noch gar kein Recht, tot zu sein.

Ja wirklich, und wenn man's genau nimmt, gäb's da noch vieles zu sagen.

Ach, schau doch nur, so ein kleines Kind, und schon tot.

Ist schon bewundernswert, in diesem Alter, wir leugnen es nicht. Ein Fall von überraschender Frühreife. Aber wir wollen uns fragen: wie konnte dieses Kind, so klein, wie es ist, in die Kategorie der Toten aufgenommen werden? Tot zu sein ist schließlich keine Sache zum Scherzen. Tot zu sein ist eine sehr, wirklich sehr ernste Sache, man muß schon einiges erlebt haben, bevor man das schafft. Man muß weiße Haare und einen langen Bart haben, und man muß viele Prüfungen bestanden haben. Statt dessen erscheint dieses Kind einfach an der Himmelspforte und sagt: »He, hört mal, ich bin tot.« Tot? Na, na, sachte, schön langsam bitte ...

War dieses Kind alt genug, um Aufnahme unter den Toten zu finden? Konnte es die Bedeutung des Schrittes begreifen, den es zu tun im Begriff war? Hatte es die nötige Reife? Das Gewicht? Die Statur? Die Stimme?

Nein. Es erfüllte keine der nötigen Anforderungen, es hatte keinen Rechtstitel, es konnte auf keinen Präzedenzfall verweisen. Es war noch sehr klein. Es konnte noch nicht einmal sprechen. Sein Mund roch noch nach Milch. Es war bestimmt nicht auf der Höhe der Situation. Es sei denn, man wollte die bloße Tatsache, daß es zur Welt gekommen war, als hinreichenden Titel betrachten. Ich weiß nicht, welche Statur man haben muß, um tot zu sein, aber alles in allem, scheint mir, war dieses Kind zu klein. O weh! Wie weit ist es mit uns gekommen? Fangen wir jetzt schon mit den Kleinkindern an? Wo wird das noch enden?

Also, also, ich kann nur dringend raten: das nächste Mal mehr Strenge, mehr Strenge!

Wenn es um den Tod geht, benutzt Campanile einen Kunstgriff, den die russischen Formalisten der ernsten Kunst zugewiesen hatten: die Verfremdung. Etwas so zeigen – bei Tolstoj kann es laut Schklowskij ein Pferd sein –, als sähen wir es zum ersten Mal. Bei Campanile kommt es oft vor, daß wir den Tod zum ersten Mal sehen. Aber wir sehen den Tod jedesmal, wenn wir etwas zum ersten Mal sehen, und sei es auch nur ein Bett:

Tatsache ist, daß man am Ende immer im Bett liegt. Im Bett beginnen wir mit der Geburt; eine halbe Stunde später legen wir uns wieder ins Bett; dann kehren wir jeden Tag dorthin zurück, in regelmäßigen Abständen. Wenn wir müde oder sehr traurig sind, werfen wir uns aufs Bett. Wenn wir krank sind, kommt ein richtiger Wissenschaftler ins Haus, der lange Jahre über Büchern verbracht, die Geheimnisse der Natur studiert und Leichen seziert hat. Er untersucht uns, fragt uns aus, denkt lange nach und sagt am Ende, daß wir uns ins Bett legen sollen.

Eines schönen Tages verlieben wir uns in ein Fräulein. Es beginnt mit Seufzern, Spaziergängen und süßen Worten, die Verwandten greifen ein, es werden Kleider, Wäsche, Möbel, Küchengeräte besorgt; es werden Karten herausgezogen, man geht die Rathaustreppen hinauf und hinunter, man frequentiert die Sakristei, man einigt sich mit dem Pfarrer, man macht sich an die schwierige Wahl der Trauzeugen, man macht tausend mühsame und komplizierte Dinge, man setzt den Tag fest, man stellt die Tischordnung auf, man schickt die Anzeigen und die Einladungen und die Bahnfahrkarten los. Und man weiß, wo das alles endet...

Der Tag wird kommen, an dem wir zum letzten Mal im Bett liegen werden. Dann, von Ausnahmen abgesehen, werden wir unseren schönsten Anzug tragen. Das Haus wird voller Freunde sein, die Nachbarn werden sich mächtig ins Zeug legen, unsere Angehörigen werden schrille Schreie ausstoßen, bestürzt sein, weinen und klagen, viele werden die Hände ringen und alle werden unnütze Dinge tun; niemand wird da sein, der nicht eine besorgte Miene macht und nicht wie ein Löwe im Käfig wirkt.

Nur wir werden ganz ruhig sein.

Ausgestreckt auf dem wichtigsten Möbel des Hauses, werden wir von der allgemeinen Konfusion unberührt bleiben und die Gefühle der Umstehenden überhaupt nicht teilen. Wir werden keinerlei Gedanken im Kopf haben, nicht mal die allerkleinsten. Alles wird für uns gelöst sein; und während wir beim ersten Mal, als wir auf einem Bett lagen, verzweifelt schrien, werden wir jetzt, wo es das letzte Mal sein wird, nicht gerade unser bestes, aber gewiß unser feinstes, vieldeutigstes und ironischstes Lächeln auf den Lippen haben.

Also genau jenes Lächeln, mit dem uns Campanile sein ganzes Leben lang genarrt und getröstet hat.

Die unbestimmte Geographie
des Corto Maltese

Einleitung zur italienischen Neuausgabe von Hugo Pratts Corto-Maltese-Comic *La Ballade de la mer salée* (*La Ballata del mare salato*, Mailand, Rizzoli-Milano Libri, 1991). Die deutsche Übersetzung der Erstfassung von 1967 ist unter dem Titel *Die Südseeballade* 1989 in der Edition ComicArt im Carlsen Verlag, Reinbek bei Hamburg, erschienen (*A. d. Ü.*).

Mag sein. Im Vorwort zur Neuausgabe der *Südsee-ballade* von 1991 sagt Hugo Pratt, sein Interesse für die Südsee sei durch Henry de Vere Stacpooles *Blaue Lagune* geweckt worden – und man erinnert sich an den gleichnamigen Film, der zwar auf den Fidschi-Inseln spielt, aber nicht gerade an Corto Maltese denken läßt. Immerhin ist es möglich, Thomas Merton sagte ja auch, er sei Katholik geworden, als er die Geschichte der Abkehr vom Glauben in Joycens *Porträt des Künstlers als junger Mann* gelesen hatte. Doch ich traue den Autoren nicht, sie lügen oft. Ich traue nur den Texten.

Die Personen der *Südseeballade* lesen ganz andere Bücher. Einmal scheint sich das Mädchen Pandora liebevoll auf die Gesammelten Werke von Melville zu stützen, und ihr Vetter Cain liest Coleridge, den Autor einer anderen Ballade, derjenigen »vom alten Seemann« (*The Rime of the Ancient Mariner*). Übrigens liest er sie in italienischer Übersetzung (auf dem Buchdeckel steht *La Ballata del Vecchio Marinaio*), und er findet sie zusammen mit den Werken von Melville an Bord eines deutschen U-Boots – sie gehören zur Bibliothek des Leutnants Slütter, der nach seinem Tod auch einen Band von Rilke und einen von Shelley auf der Insel Escondida zurücklassen wird. Am Schluß zitiert Cain sogar noch Euripides.

Nimmt man hinzu, daß Cranio ein Praktikum bei einem indischen Anwalt in Viti Levu absolviert hat und mit der Sicherheit einer Margaret Mead über Maori-Mythologie und melanesische Soziopolitik diskutiert, so ist man versucht zu sagen, daß Pratts Personen viel gebildeter sind als er selbst. Wie beiläufig oder preziös-maniert sind diese Hinweise auf die Lektüre unserer Helden?

Bei Cranio mag es noch angehen, er war ein ehrgeiziger junger Mann, aber hier liest auch ein Galgenstrick wie Rasputin, und zwar auf französisch. Gleich zu Beginn (im siebten Bild) finden wir ihn vertieft in L. A. de Bougainvilles *Voyage autour du monde par la frégate du roi La Boudeuse et la flûte l'Etoile.* Ich kann versichern, daß es sich nicht um die Erstausgabe von 1771 handelt, die im Gegensatz zu Rasputins Exemplar anonym ist und daher nicht den Namen des Autors auf dem Deckel tragen dürfte. Da es sich gleichzeitig um einen Quartband handelt, könnte es ein später gebundenes Original sein, aber es wäre ein Jammer, eine antiquarische Kostbarkeit solchen Ranges durch die Feuchtigkeit und die Salzluft des Meeres zu ruinieren. Tatsächlich ist der Band, wie auf dem sechsten Bild zu erkennen, dreispaltig gedruckt, und so könnte es sich um eine Volksausgabe aus dem 19. Jahrhundert handeln.

Aufgeschlagen ist er ungefähr in der Mitte, und dort beginnt, wie immer die Seiten umbrochen sein mögen, das Kapitel V, »Navigation depuis les Grandes Cyclades, découverte du Golfe de la Louisiade [...] Relâche à la Nouvelle Bretagne«. Rasputin erlaubt sich kein müßiges Lesestündchen, er informiert sich in dem Buch über den Ort, den er zu besuchen gedenkt, denn er segelt zu einer deutschen Marinebasis auf der Insel »Neupommern«, die keine andere ist als Bougainvilles Nouvelle Bretagne (Neubritannien). Allerdings – einmal abgesehen davon, daß Bougainville in dem genannten Kapitel von Begegnungen mit Pirogen und Eingeborenen berichtet, die den Seiten der *Südseeballade* entstiegen sein könnten (aber vielleicht ist es klüger, die Perspektive umzukehren) –, wenn wir uns die schöne und detaillierte Karte ansehen, die er seinem »Discours préliminaire« vorangestellt hat, ergeben sich einige beunruhigende Fragen.

Bougainvilles Karte ist nämlich keineswegs identisch mit derjenigen, die Pratt auf der dritten Seite gezeichnet hat. In diesem Fall weiß der Autor mehr als seine Person, aber seine Person liest ja nicht die *Südseeballade*, sondern Bougainville. Wenn Rasputin sich auf die Karte von Bougainville bezieht und ihr entnimmt, daß er sich in der Nähe von Neupommern befindet, dann kann er nicht gleichzeitig meinen, in der Salomonensee zu sein, denn Bougainville hatte die Salomonen viel weiter nach Osten verlegt (ungefähr an die Stelle der Fidschi-Inseln, womit er sich um etwa zwanzig Längen- und zehn Breitengrade vertan hatte). Mit anderen Worten, wenn Rasputin dank seiner Nase oder dank einiger Instrumente, die im Jahre 1913 einem Kurier der Meere nicht fehlen durften, soviel weiß, wie Pratt weiß und uns mitteilt, nämlich daß er Cain und Pandora auf 155° Grad Länge (östlicher, würde ich sagen) und 6° südlicher Breite aus dem Wasser gefischt hat, dann müßte er, wenn er bei Bougainville nachschlägt, sicher sein, daß er sich in der Nähe der Baie de Choiseul befindet, nicht weit von den Louisiaden, über deren Entdeckung er liest, aber sehr weit entfernt von den Salomonen (bei denen er sich jedoch in Wahrheit, ohne es zu wissen, befindet).

Man wird mir entgegenhalten, das sei für die Erzählung irrelevant, aber das ist es nicht. Als kurz darauf der holländische Frachter auf Rasputins Katamaran trifft, ist das erste, was sowohl die Offiziere als auch der Fidschi-Matrose bemerken, daß dieses Boot für eines von den Fidschi-Inseln sehr weit vom Kurs abgekommen sein muß, denn die Route der Fidschi-Boote »führt immer nach Osten oder nach Süden«. Und wie wir später sehen, wäre das genau die Richtung gewesen, in die sie hätten fahren müssen, denn im Südosten (sehr viel weiter im Südosten) liegt die

Insel des »Monaco«. Man wird einwenden, daß Rasputin ja gar nicht dorthin fahren will, sondern nach Deutsch-Neuguinea, aber fest steht, daß er schließlich genau dort anlangt, ohne recht zu wissen, wo er sich befindet – oder, falls er es vorher gewußt hat, mit allem Recht, nun den Kopf zu verlieren, zumal bei seiner ausgeprägten emotionalen Instabilität. Beachten wir, daß selbst Bougainville bei seiner falschen Lokalisierung der Salomon-Inseln lange gezögert haben muß, denn er beschriftete sie auf seiner Karte mit »*Isles Salomon dont l'existence et la position sont douteuses*«.

Aber Bougainville hatte jede Rechtfertigung. Auf die Suche nach den legendären Salomon-Inseln, wo man das Gold des gleichnamigen Königs zu finden hoffte, war bereits anno 1528 der Spanier Alvaro de Saavedra gegangen, wobei er sich jedoch zwischen den Marshall- und den Admiralitätsinseln bewegte. 1568 entdeckte sein Landsmann Mendaña die Inseln und taufte sie, und danach gelang es niemandem mehr, sie wiederzufinden, nicht einmal ihm selbst, als er fast dreißig Jahre später mit Queiros zu ihrer Wiederentdeckung aufbrach und sie fast nur um Haaresbreite verfehlte, da er südöstlich von ihnen auf der Insel Santa Cruz landete.

Von da an war die Geschichte der Erkundung des Stillen Ozeans die Geschichte von Leuten, die immer das entdeckten, was sie gerade nicht suchten, ein konfuses Hin und Her zwischen Inseln, Korallenriffen und Kontinenten, bei dem man sich ständig in den Längengraden täuschte (jedenfalls bis zur Erfindung des Seechronometers von Harrison), und das so unsichtbare wie unauffindbare Epizentrum dieser Irrfahrten waren stets die Inseln des Königs Salomo, die sich in Luft aufgelöst hatten. Nehmen wir Abel Tasman, der 1642-43 nach den Salomonen suchte: Erst gelangt er zu dem später nach ihm benannten Tasmanien (vor der Südspitze von Australien – nicht gerade ein kleiner Abstecher!), dann fährt er in Sichtweite an Neuseeland vorbei, gelangt zu den Tonga-Inseln und erreicht die Fidschis, von denen er jedoch, ohne anzulegen, bloß ein paar Inselchen sieht, und schließlich landet er nach einem wilden Zickzackkurs an der Küste von Neuguinea. So weit, so wirr. Was aber tut Hugo Pratts Kapitän Rasputin, der doch über gute deutsche Seekarten verfügt? Er versteift sich darauf, bei Bougainville nachzuschlagen, wo die Salomon-Inseln noch nicht mehr als ein Traum sind. Aber dieser onirische Fehlgriff paßt gut zum Verhalten der anderen.

Man erkläre mir einmal, warum Corto Maltese das U-Boot von Slütter (der die hervorragende Karte von Galland hat) unter der Westspitze von Neupommern treffen muß, also auf der Fahrt nach Westen, wenn er von Deutsch-Neuguinea aufgebrochen ist und das U-Boot zur Escondida will.

Wo liegt die Insel Escondida des Monaco? Im Gespräch mit Pandora sagt Cain, daß der Monaco »von den Gilbert-Inseln bis zu den Inseln unter dem Wind herrscht«. Von den Gilbert-Inseln bis zu den Inseln unter dem Wind zu herrschen ist eine harte Arbeit, es erfordert das Betreiben von Küstenschifffahrt über zwanzig Breiten- und fast vierzig Längengrade, und der Raum des Monaco nimmt eher mythologische als geographische Züge an.

Halten wir nun den Text von Pratt neben einen modernen Weltatlas. Pratt räumt nebenbei und wie mit zusammengebissenen Zähnen ein, daß sich die Insel Escondida auf etwa 19° südlicher Breite und 169° westlicher Länge verbirgt – also müßte sie zwischen den Tonga- und den Cook-Inseln liegen. Ein deutscher Marineoffizier, der, um zu den Tongas zu fahren, Kurs auf Neuguinea hält und dabei sagt: »Bald werden wir zur Escondida gelangen« (von der sie fünftausend Meilen entfernt sind), ist ein Träumer, umgarnt von Rasputins Netz, der die Grenzen des Raumes verwischt hat. Tatsache ist jedoch, daß Rasputin oder Pratt oder beide versuchen, auch die Grenzen der Zeit zu verwischen.

Nur bei aufmerksamer Lektüre wird man bemerken, daß Cain und Pandora am 1. November 1913 von Rasputin aus dem Wasser gefischt worden sind und daß alle erst nach dem 4. August 1914 auf der Escondida eintreffen (der Monaco teilt ihnen mit, daß an diesem Tag der Krieg ausgebrochen ist), vermutlich irgendwann zwischen September und der letzten Oktoberwoche, als die Engländer auf den

Plan treten. Zwischen zwei Seiten Coleridge und zwei Diskussionen mit Slütter ist unversehens ein ganzes Jahr vergangen, in dem sich das U-Boot auf vagen Routen bewegt hat, mit der gespannten Trägheit und dem Drang nach Abwegen der Freibeuter des 17. Jahrhunderts, des *Ancient Mariner* und des Kapitän Ahab.

Alle Protagonisten der *Südseeballade*, einschließlich der deutschen Marineoffiziere, reisen im Archipel der Unbestimmtheit, als ob sie benommen die Zweige des Stammbaums der Groovesnores durchliefen und nie ans Ziel kommen wollten. Sie sind nicht imstande, den Haien zu folgen, wie Tarao es tut (der sich als einziger immer dahin bewegt und dort ankommt, wo er hin will und soll, fast auf gerader Linie), und wenn sie die Geographische Wahrheit berühren, wissen sie's nicht. Dabei ist sie da, sie steckt im Namen Pandora: Es gibt ein Pandora Basin zwischen den Fidschi-Inseln und den Neuen Hebriden, an seinem östlichen Rand reihen sich die Yasawa-Inseln, und zwischen diesen liegt die Blaue Lagune. Pandora ist das Symbol eines kartographischen Wissens, über das keiner in der *Südseeballade* verfügt. Rasputin hat nur Bougainville gelesen, Pratt hat nur de Vere Stacpoole gelesen, aber wie gewöhnlich weiß der Text mehr als alle.

Alles in der *Ballade* folgt dem Rhythmus der verschlungenen Seerouten, von denen sie erzählt, auch die Psychologie der Personen, die sich lieben, nachdem sie aufeinander geschossen haben, die sich aus Freundschaft umbringen, die alle naselang die Selbstkontrolle verlieren und sich samt Abstammung neu erfinden, auf jeder Seite ein Krankenbericht – und wir wissen nicht, wer der Monaco wirklich ist (ich glaube nicht an Slütters Rekonstruktion, sie ist mir zu präzise), wir wissen nicht, was für ein Gesicht er hat und ob er überhaupt eines hat, wir wissen nicht, woher Rasputin kommt und warum Cain diesen Namen trägt (vielleicht ein Verweis auf Byron), und vor allem wissen wir noch sehr wenig über Corto, über den uns doch die späteren Erzählungen alles sagen, bis wir sogar seine Mamma kennen. Auch die Zeichnung ist unbestimmt, Corto hat noch nicht die aufs Wesentliche reduzierten und klar bestimmten Züge seiner, ich will gar nicht sagen letzten Erzählungen (in denen er sich sogar wieder verjüngt, zum Engel wird und die Zeichen eines nicht immer untadeligen Lebens verliert), sondern nicht einmal die seiner reifsten Phase, in der er sich zwanglos zwischen der Lagune von Venedig, Brasilien, Irland und den Landrouten der Transsibirischen Eisenbahn bewegt.

Corto Maltese, heute unverwechselbar, ist zur Zeit der *Südseeballade* noch auf der Suche nach sich selbst: Er kennt seine eigene Biographie nicht (er tritt mit einem Schlag auf, gefesselt mitten im Meer wie Judas in der *Navigatio Sancti Brendani*), sein Charakter ist noch unbestimmt, und über sein Gesicht wissen er und Pratt noch wenig, es wird von Bild zu Bild skizziert, anfangs mit wenigen Strichen, doch im gleichen Maße, wie die Geschichte fortschreitet, legt es sich immer mehr in fragende Falten. Vielleicht werden wir viele Geschichten vergessen, in denen Corto Maltese perfekt und vollendet in seiner hieroglyphischen Klarheit erscheint, aber in der *Südseeballade* lebt er und macht er sich denkwürdig gerade durch seine noch tastende Unbestimmtheit. Genau deswegen bleibt die *Südseeballade* in den Köpfen ihrer Erstleser als ein Ereignis haften, als das Modell einer neuen Art, mit den Mitteln des Comics Literatur zu machen, und die Escondida erhebt sich zur Würde eines Ortes im Universum der Erzählungen, wo Ismael mit Mandeville verschmilzt, wo der Stille Ozean in das Land des Priesters Johannes übergeht, wo die geographischen Karten den Worten widersprechen, indem sie die Konturen des Raumes nicht präzisieren, sondern auflösen, wo die Parallelen sich überschneiden, der Atlas sich zu einem zweifelhaften Segelhandbuch reduziert und ein fast mittelalterlicher Monaco, besänftigt durch die Passatwinde, eine Flagge mit dem Emblem des venezianischen Rates der Zehn hissen kann.

Ich habe immer behauptet, daß die Comiczeichner sich in ihren Helden oder wenigstens ihren Zweithelden selbst porträtieren, und wer Al Capp, Feiffer, Schulz oder Jacovitti persönlich gesehen hat, weiß das (nur Phil Davis hat bei Mandrake das Gesicht von Lee Falk gezeichnet – oder Lee Falk hat sein Gesicht den Anregungen von Phil Davis angepaßt). Bei Pratt hatte ich das nicht vermutet. Doch eines Tages, bei der Präsentation ich weiß nicht mehr welchen Buches oder Ereignisses, traf ich ihn auf der Terrazza Martini in Mailand und stellte ihn meiner Tochter vor, die damals noch sehr klein, aber schon eine Leserin seiner Geschichten war, und da flüsterte sie mir ins Ohr, er sehe aus wie Corto Maltese. Nur ein Kind kann sagen, daß der König nackt ist. Pratt hat nicht die Statur, die lanzenhafte Schlankheit von Corto, aber als ich ihn genauer ansah, im Profil, mußte ich zugeben, daß es irgendwie stimmte: Die Nasenlinie, der Schnitt des Mundes, ich weiß nicht, sicher ist Pratt nicht der Corto der *Südseeballade*, aber sagen wir: der eher magische Corto der letzten Geschichten, jener, die Pratt damals noch gar nicht kannte ... Pratt suchte sich noch (er phantasierte mit dem Zeichenstift und fragte sich, was er gern sein würde – jetzt weiß er es: ein Elfe), und während er sich suchte, folgte er einigen zwanglos schweifenden Träumen.

So kann auch ein Text ins Schweifen kommen. Und in diesem Nebel, der Raum und Zeit zerfließen läßt, entstehen die Mythen, die Personen schwärmen in andere Texte aus und nisten sich wie Ureinwohner in unserer Erinnerung ein, als hätten sie schon immer im Gedächtnis unserer Ahnen existiert, jung wie Methusalem und uralt wie Peter Pan, weshalb es uns nicht selten passiert, daß wir ihnen auch dort begegnen, wo sie uns noch gar nicht erzählt worden sind, und bisweilen sogar – dies ist zumindest den Kindern gegeben – im Leben.

Umberto Eco kehrt zurück ins Mittelalter

Wir befinden uns im 12. Jahrhundert, zur Zeit der Kreuzzüge. Baudolino, ein gewitzter Bauernsohn aus dem Piemont, wird Adoptivsohn des Kaisers Friedrich I. Barbarossa. Den Kopf voller Flausen, Phantasien und Lügen, lenken seine irrwitzigen Ideen von nun an den Lauf der Weltgeschichte. Von den Liebesbriefen an die Kaiserin, den undurchsichtigen Machenschaften bei der Belagerung Alessandrias und dem rätselhaften Tod Barbarossas gar nicht zu reden ... »Eco verknüpft historische Fakten des 12. Jahrhunderts, Fabelwesen, saftige Liebesromanzen, aktuelle Politik und Glaubensfragen zu einem sprühenden Feuerwerk.« *Welt am Sonntag*

Aus dem Italienischen von Burkhart Kroeber
600 Seiten. Gebunden

HANSER
www.hanser.de